続

次の本へ

苦楽堂 編

苦楽堂

続 次の本へ

苦楽堂 編

苦楽堂

この本の使い方――まえがきに代えて

自分の頭で考えるために、自分で本を探してみる。その手がかりとして使っていただくための『次の本へ』シリーズ、第二弾をお届けします。

「一冊目」には誰もが出合います。学生さんならば、たとえば朝の読書運動や、レポートの課題として。社会人ならば仕事上の必要があって。書店で目立つところに置いてあった話題のベストセラーだから、あなたは一冊目を手にとったかもしれません。

さて、「その次」はどうしましょうか。一冊目が面白い本だったら、もっと面白いものを。つまらなかったら、今度は面白いものを。さて、どうやって探しましょうか。

「この本を読め」というブックガイドはたくさんあります。でも「その本」が、ほんとうにあなたにとっての「次に読む本」なのかどうかは、わかりません。「あなたに合った次の本」を見つけるにはどうすればいいか。この本は、その手がかりをお届けする本です。

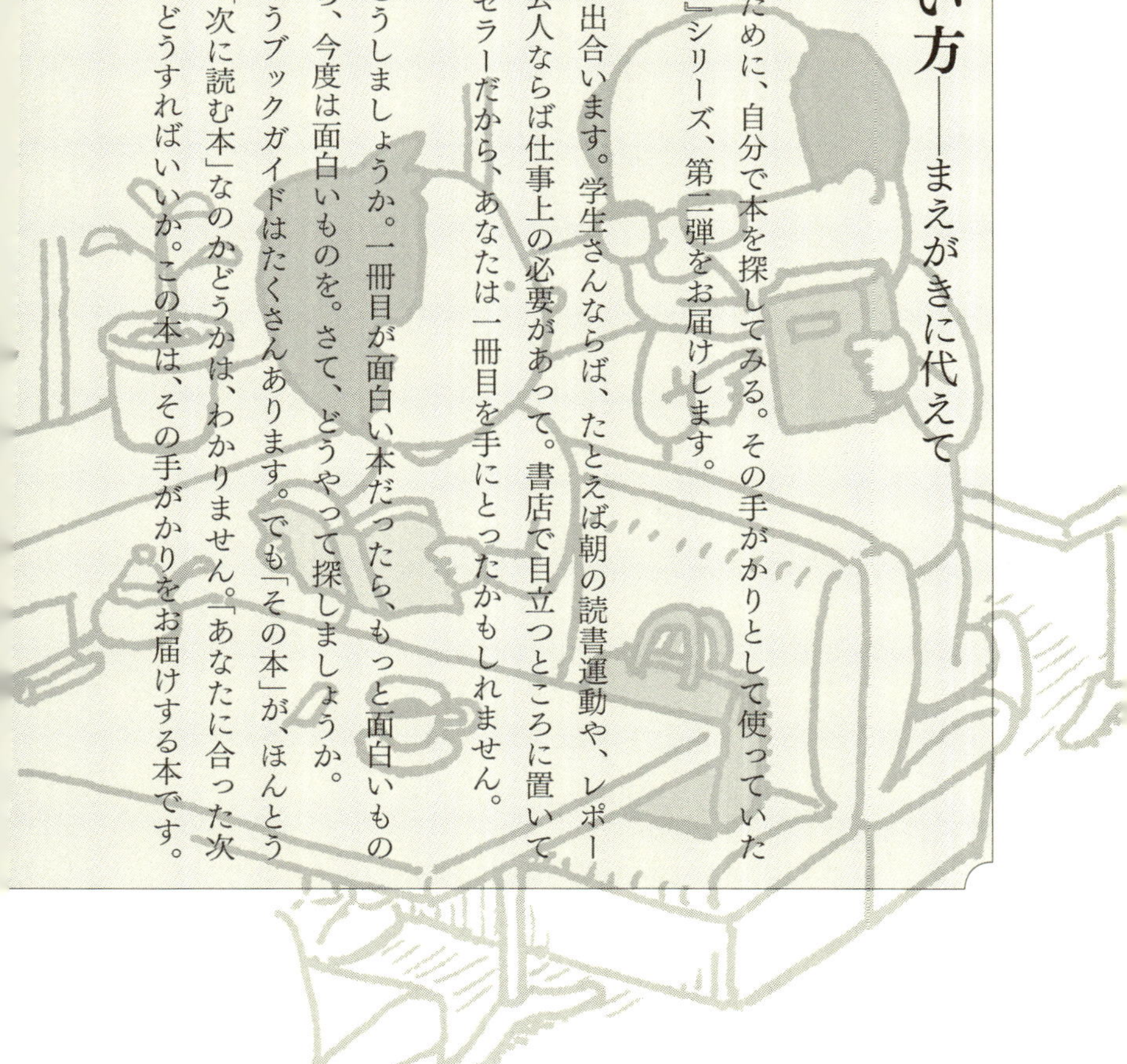

一冊目の本から、次の本へ。そのつながり方はたくさんあります。この本の中から「あっ、この方法で本を探してみようかな」と手がかりを発見してもらうことができれば、こんなに嬉しいことはありません（巻末の《「次の本」に出合うきっかけ別インデックス》もお役に立つかもしれません）。あなたが自分の方法で「次の本」に出合い、あなた自身の楽しさや喜び、考える力を手に入れるために、この本をお使いください。

注・各エッセイの後に、登場する本の書誌情報（書名、著者名、出版社名、刊行年など、本を手に入れるときに役立つ情報）を記載しました（編集部が書いています）。古い本の場合は、二〇一五年一〇月現在、最も手に入れやすいと思われるもの（たとえば文庫化されたもの）を記載しています。

未来の読者のために、本書にご寄稿いただいた皆さまに、この場を借りて御礼を申し上げます。玉稿、ありがとうございました。

苦楽堂編集部

目次

『理科系の作文技術』から『血涙十番勝負』へ
「知的創造」の本を読み漁り、引用されていた作家の文に惹かれた……天野雄之 14

『ダーウィン以来』から『生き物たちは3／4が好き』へ
二冊の本の間に積み上げられ、豊かになっていくもの……池内了 18

「汲む（『ポケット詩集』）から『イワン・デニーソヴィチの一日』へ
私にとって〝似た匂い〟がするから二冊はおなじカテゴリー……石毛弓 22

『自分に気づく心理学』から『モダニティと自己アイデンティティ』へ
「自分探しをする自分」を変えた、先輩からの文献リスト……石田光規 26

『神話の力』からスティーヴン・キングの著作群へ
この一冊でもう十分だと思っていたら……冲方丁 30

『星の王子さま』から『般若心経講義』へ
「読んでみようかな」そう言った父の葬儀の席で……………浦野光人　34
『働く大人の教養課程』から『コミュニケイションのレッスン』へ
学生と一緒に仕事をしたから、その本が目に入った……………大泉大介　38
『共産党宣言』から『ドラマと方言の新しい関係』へ
文庫をもっと買いたくて……………大友俊　42
『水木しげるのラバウル戦記』から『ゲゲゲの女房』へ
旅に始まり、ドラマでつながる……………岡本真　46
『世界史概観』から『人文地理学原理』へ
そして私は世界を見に行くようになった……………賀川浩　50
『ザ・原発所長』から『全電源喪失の記憶』へ
「読みたい」と心に留めておくと、書き手の情熱に出会える……………加藤正文　54

『ノー・ノー・ボーイ』から『米國日系人百年史』へ
「無名の個人史」を知りたくなって……………………川井龍介　58
『さもしい人間』から『リベラルのことは嫌いでも、リベラリズムは嫌いにならないでください』へ
本を読むときの「楽しいあみだくじ」の作り方……………川口昌人　62
『沢木興道聞き書き』から『漱石の思い出』へ
あらためて買い求めて感じた、初読時以上のさわやかさ…………かんべむさし　66
『日本という国』から『クォン・デ』へ
「めんどくさいこと」を「夢中」に変えるあの方法…………金　益見　70
『メタモルフォシス伝』から八木重吉詩集へ
十代に漫画で見たあの詩が、今も私を支えるなんて…………清野由美　74
『罪と罰』から『新しい人よ眼ざめよ』へ
これでは世間に受け入れられないと、現代作家も読み始めたけれど…久坂部　羊　78

『瞑鳥記』から『光あるうち光の中を歩め』へ
まるで対をなすようなタイトルに惹かれ……楠 誓英 82
『全ての装備を知恵に置き換えること』から『ウルトラライトハイキング』へ
芸術が冒険的なのか、冒険が芸術的なのか……楠見 清 86
『キャプテン翼』から『フットボールネーション』へ
夢だけでは解決しないから……工藤 啓 90
『鮎川信夫詩集』から『茨木のり子詩集』へ
一度〝素通り〟した本が甦るのは……後藤正治 94
『中国朝鮮族を生きる』から『立ったまま埋めてくれ』へ
かつて読んだ本が、今を考えるヒントになる……最相葉月 98
『シカゴ育ち』から『アフター・アメリカ』へ
アマゾンの「おすすめ」で知ったのだけれど、
それはもう、私のテーマになっていた……坂口 緑 102

『旅をする木』から『アルケミスト』へ
その生き方への憧れが、あの小説に出会わせたのだろう……佐野淳也 106

『どくとるマンボウ青春記』から『我が名はアラム』へ
その二行が格好いいと思った……柴田元幸 110

『アンネの日記』から『第八森の子どもたち』へ
匿うという導火線にふれて……清水眞砂子 114

『エドナ・ウェブスターへの贈り物』から『デュシャンとの対話』へ
チェスが想い起こされて……柘植伊佐夫 118

『バンド臨終図巻』から『words for a book』へ
興味を持ったバンドについて調べてみよう……永井純一 122

『不思議の国のアリス』から『大博物学時代』へ
古典に迷った私に「補助線」をくれた、古書店の棚の一冊……中島俊郎 126

『被差別部落のわが半生』から『はじめての部落問題』へ
一冊だけの知識では気づかないことがある……永松伸吾 130
『サガとエッダの世界』から『人間について』へ
知らない世界を知ろうとすること……西脇エミ 134
『生命を捉えなおす』から『波紋と螺旋とフィボナッチ』へ
一ページだけ書かれていた「夢」が自分の進路と重なって……念波 138
『ジョゼフ・フーシェ』から『マゼラン』へ
「読書の連鎖過程」を作る……野口悠紀雄 142
『カシアス・クレイ』から『マルカムX自伝』へ
一点突破・全面展開……野村 進 146
『上海バンスキング』から『馬車は走る』へ
物語には裏側が必要なのだ。気づいたオレはエラかった……菱田信也 150

『坊っちゃん』から『街道をゆく』へ
「気をつけなさい」と注意されたから、ますます興味を持った……日高真吾 154
『猿丸幻視行』から『隠された十字架』へ
ミステリーの向こうに待っていた、恐ろしくて夢中になる日本史……福田和代 158
『後宮小説』から『イラハイ』へ
本を勧められるのは面倒だ……古田 靖 162
『腹立半分日記』から『摘録断腸亭日乗』へ
人の日記が面白いのは……堀 晃 166
『わが息子よ、君はどう生きるか』から『最初の質問』へ
父から贈られた答え、父になっての問い……本城愼之介 170
『自由からの逃走』から『蜜蜂の生活』へ
連続して読むと見えてくる「自由は、幸せなのか?」……真山 仁 174

『ルパンの告白』から『強盗紳士』へ
何年もかけて短編集を繰り返し読む……………………藻谷浩介 178

『モードの迷宮』から『着倒れ方丈記』へ
腑に落ちたのは一八年後。「サボり学生」がひっかかった謎の一節……百々 徹 182

『女工哀史』から『わたしの「女工哀史」』へ
ブラック企業の源流を戦前の暗黒工場に探る……………森岡孝二 186

『津浪と村』から『ヴェネツィアと水』へ
怒りと苛立ちの中、一枚の風景画が手がかりをくれた…………山内宏泰 190

『聖書』から『ブッダのことば』へ
小説に引用されている言葉から「往復運動」がはじまった…………山折哲雄 194

『本格小説』から『嵐が丘』へ
似た物語を読み、作者の狂気を知る……………………山崎ナオコーラ 198

『万延元年のフットボール』から『オバケのQ太郎』へ
出会い損ねたオバケを思い出させた、登場人物の変な名前……山本昭宏 202
『中国の赤い星』から『マオ　誰も知らなかった毛沢東』へ
正しい「次の本」に出会うことの大切さ……山本博文 206
『アミ　小さな宇宙人』から『美しい星』へ
一冊目で謎は解けていたから、実家にあった小説に出会えた……マイカ・ルブテ 210
『書斎探訪』から『書斎の宇宙』へ
スタートは「資料探し」。そこから熱が冷めなくなって……和合亮一 214

この本の使い方――2
「次の本」に出合うきっかけ別インデックス――218
人名索引――巻末 i
書籍・雑誌・新聞名索引――巻末 vi
しごと名索引――巻末 xi

『理科系の作文技術』から『血涙十番勝負』へ

「知的創造」の本を読み漁り引用されていた作家の文に惹かれた

天野雄之

小学四年の時に威圧的な担任の教師と喧嘩して登校拒否を起こした私を心配した母親は、制服もなく自由な校風の、小さな中高一貫の学校を選んでくれました。当時は、高校から約一クラス分の編入生を受け入れていました。彼らは、おしなべて地元の中学ではトップクラスであり、中学三年間を、良く言えば内省的に、悪く言えばボーっと過ごしていた私にとって、そのような新しい友達ができるのは、たいへん刺激的なことでした。

新聞部で一緒だったM君もその一人でした。彼からは、『理科系の作文技術』を勧められました。それまでの私の記事は、この本の表現を借りれば《心情の動きがどれだけ生き生きと描かれているか》に主眼をおいていました。そもそも「作文」とは、そういうものだと思っていたのです。しかし、記事は《正確に情報をつたえ、筋道を立てて意見を述べることを目的》とするべきだということを、この本を通じて私はM君に教わりました。また、《事実を書いているのか、意見を書いているのかをいつも意識して、両者を明らかに区別して書く》《意見の基礎になるすべての事実を正確に記述し、それにもとづいてきちんと論理を展開する》ことを、記事だけでなく、学校のレポートや模擬試験などでも心がけるようにしました。

この本を読んでから、私は「知的創造」に関する本を読み漁りました。と言っても、小遣いが潤沢ではなかったので、通学路にたくさんあった古書店を、自転車に乗ってハシゴしていました。そうして見つけた中では、『考える技術・書く技術』(板坂元《げん》著、講談社現代新書)に書かれている、《構成の技術》に心を惹かれました。引用されていたのは山口瞳の文章です。《デザイン化された柱時計というものに腹をたてる》《周囲に唐草模様の彫刻などあるのが気にくわぬ》と畳みかけていき、最後に《しめた、こいつはいいなと思ったのは、船やバス用の時計であった》と持ってくる表現方法を、何とかして自分の文章に取り入れようと、試行錯誤していました。

これをきっかけに、私は山口瞳の本を何冊か集中的に読みました。その中に、山口が「駒落ち」で一流のプロ棋士に挑戦する『血涙《けつるい》十番勝負』があります。偶然ですが、私は山口と同じく将棋好きで、将棋に関する本もたくさん読んでいました。

第一回目の対局では、《今日は福田家《ふくだや》ですか。それとも羽沢《はねざわ》ガーデンですか》と尋ねる場面が出てきます。これらは、プロ棋士の重要な対局に使用される場所であり、《むろん冗談である》と山口は言っていますが、なんと第二回目で、福田家での対局が実現してしまいます。また、第八回目では、《大山名人が羽織袴で来られた》と何気なく書かれていますが、羽織袴はプロ棋士にとっての正装であり、アマチュアとの対局に名人が羽織袴で来ることは通常あり得ません。山口の文章は事実を簡潔に書きながら、同時に将棋好きの私の心を捉えるのです。《正確に情報をつたえ、筋道を立てて意見を述べる》と同時に、《心情の動きが》《生き生きと描かれている》のです。私は、山口を心底うらやましく思うとともに、少しでもあやかりたいと、正座してポケット将棋盤の駒を動かしてみたりしていたものです。

●あまの・ゆうし　会社員。一九六五年、東京都生まれ。八四年、私立武蔵高等学校卒。八八年、早稲田大学政治経済学部卒。現在、電機メーカーにて経営企画担当。

『理科系の作文技術』

一九八一年刊。今日まで重版を重ねる大ロングセラー（ちなみに文章は横組み）。中央公論社（当時）の科学誌「自然」連載をまとめたもの。《ひろい意味での理科系の、わかい研究者・技術者と学生諸君》（本書「あとがき」より）を読者と想定し、論文や報告、説明書を書く際の方法を具体的に解説する。本書のカバー袖には《文のうまさに主眼をおいた従来の文章読本とは一線を劃《かく》し、ひたすら明快・簡潔な表現を追求したこの本は――》とある。著者は一七年、東京生まれの物理学者。四一年、東京大学理学部卒。学習院大学元学長。二〇一四年、九六歳で没。

（木下是雄著／中公新書／一九八一年刊）

『血涙十番勝負』

一九七二年、講談社より『山口瞳血涙十番勝負』の題で刊行。この頃、棋士の多くは経済的に恵まれていなかった。《誰もが一途に燃えていて、まことに純粋であって、男らしい魅力にあふれた》棋士たちを尊敬する著者は《なんとかしなくてはいけないと、私も、私なりに考え》、全力で彼らに挑み、将棋の魅力を広く知らしめた本書を残した。著者は二六年、東京生まれ。國學院大学卒業後、出版社勤務を経て壽屋《ことぶき》（現在のサントリー）に入社、雑誌「洋酒天国」の編集に携わる。六三年、『江分利満《えぶりまん》氏の優雅な生活』で直木賞受賞。九五年没。

（山口瞳著／中公文庫／二〇〇二年刊）

『ダーウィン以来』から『生き物たちは3／4が好き』へ

二冊の本の間に積み上げられ、豊かになっていくもの

池内 了

スティーヴン・ジェイ・グールドは優れた古生物学者なのだがエッセイの名手でもあり、同時代の作家なので三年に一回くらいの割合で出版される科学エッセイ集が翻訳されるのを首を長くして待ち望み、ミーハーのごとく発売日に本屋に駆けつけたものである。

その最初が『ダーウィン以来』で、彼の専門である生物進化論の話題はむろんのこと、生物進化と関係がある地球の歴史に関する天変地異説などの妄説への批判、社会における科学の役割の歴史的考察、人種差別論における知能指数悪用の非科学性の指摘、遺伝子決定論を論拠とする社会生物学の否定など、文系・理系を問わず幅広い話題を取り上げ、私たちが陥りがちな偏見や先入観を取り除いてくれる、その手法に感激したものである。

以来、『ダ・ヴィンチの二枚貝』、『干し草のなかの恐竜』、『がんばれカミナリ竜』、『マラケシュの贋《にせ》化石』、『パンダの親指』、『ニワトリの歯』、『フラミンゴの微笑《ほほえみ》』、『ぼくは上陸している』などのエッセイ集、『ワンダフル・ライフ』、『人間の測りまちがい』、『消された科学史』（共著）などの科学史・科学論等、足掛け三〇年に渡って出版されてきたグールドの著作集は、薀蓄ある学識、揺るがない健全な常識、科学に裏打ちされた見識によって随分楽しませてくれた。

一般に科学者のエッセイは、自分の専門領域のテーマについてはやたらに詳しく、専門から離れると幼稚な論を振り回したりすることが多い。グールドにはそんな心配は全く不要で、専門外のことでもいったん疑問を持つと探究の手を緩めず、問題の本質を極めるまで勉強して、読者に提供してくれる。その勉強ぶりや執念を感じながら、それを自ら楽しんでいる姿を垣間見ることもでき、学問ってこんなふうに身に付けるものなのだろうな、と思ったものである。才子薄命の言葉通り、六〇歳で早世したのは実に惜しまれることであった。

そのエッセイの中でグールドも論じてはいるのだが、昔から経験的に知られている動物の体の大きさと寿命について簡単な関係が成立することに私も興味を持っていた。実際、寺田寅彦も「空想日録（三）身長と寿命」（一九三三年）のエッセイにおいて、小さな一寸法師と大きなゾウが感じる一秒の差を比べて、体のサイズに応じた固有時間があるのではないかと推測している。昔から多くの人々が興味を持ってきたのだ。

それに関する研究を集大成したのが本川《もとかわ》達雄のベストセラー『ゾウの時間ネズミの時間』で、これが「次の本」になるはずだったのだが、さらに動物だけでなく生物全体にまでこの関係を広げ、理由まで考察した『生き物たちは3／4が好き』を挙げておきたい。動物・植物を問わず、どの生物も個体としても集団としても、さまざまな性質が全重量の3／4乗に比例することを示した本で、科学は次々と積み上げられ豊かになっていくことがよくわかる。

●いけうち・さとる　天文学者、宇宙物理学者。名古屋大学名誉教授、総合研究大学院大学名誉教授。一九四四年、兵庫県生まれ。京都大学理学部物理学科卒、同大学院理学研究科物理学専攻博士課程修了。理学博士。八八年、国立天文台教授。九七年、名古屋大学大学院理学研究科教授。二〇〇六年、総合研究大学院大学教授。研究テーマは、宇宙の進化、銀河の形成と進化、星間物質の大局構造など。『お父さんが話してくれた宇宙の歴史』（岩波書店／九二年刊）で日本科学読物賞、産経児童出版文化賞受賞。『科学の考え方・学び方』（岩波ジュニア新書／九六年刊）で講談社出版文化賞、産経児童出版文化賞受賞。近著に島薗進（宗教学者）との共著『科学・技術の危機　再生のための対話』（合同出版／二〇一五年刊）がある。

『ダーウィン以来』

アメリカ自然史博物館の雑誌「Natural History Magazine」誌上で一九七四年から連載されたエッセイを七七年に刊行(初邦訳は八四年)。グールド(四一年、ニューヨーク生まれ)は当時三三歳。すでにハーヴァード大学の地質学教授だった。以来、ポピュラー・サイエンスの代表的な書き手となるグールドは、本書の二一章「大きさと形」でたとえばこう書いている。《あなたの背丈の半分の子どもが高いところから落ちたならば、あなたが落ちる場合の半分ではなく、三二分の一のエネルギーで頭が地上にぶつかる。子どもはその「やわらかな」頭によってよりも、大きさによってより多く保護されているわけだ》。二〇〇二年没。最後の作品は『ぼくは上陸している』(早川書房[上下巻]/二〇一一年刊)。

(スティーヴン・ジェイ・グールド著/浦本昌紀、寺田鴻訳/ハヤカワ文庫/一九九五年刊)

『生き物たちは3/4が好き』

《自然はみごとなまでに単純なのか、それともみごとなまでに複雑なのか。どちらも真実である》と書く著者は一九七〇年生まれ、科学雑誌「Nature」で進化、生態学、自然保護分野を担当したサイエンスライター。二〇〇六年にイギリスで刊行された本書が初の著作。本書の「訳者あとがき」は、エネルギー消費が体重の3/4乗に比例するという経験則が《あまり教科書に出てこないのは、なぜ3/4乗に比例するかの、よい説明がないからだろう》と『ゾウの時間ネズミの時間』(中公新書/一九九二年刊)に書かれた著者・本川の視点を引用しこう続ける。《二一世紀にいたってもなお、多くの人がどうにか3/4乗則を説明しようと挑戦しています。本書には有望と目される仮説が紹介されています》。

(ジョン・ホイットフィールド著/野中香方子訳/化学同人/二〇〇九年刊)

「汲む」(『ポケット詩集』)から『イワン・デニーソヴィチの一日』へ

私にとって〝似た匂い〟がするから二冊はおなじカテゴリー

石毛 弓

詩が苦手だった。

小説は好きで、とくに子どものころは海外の作品をよく読んでいた。話のなかに詩が引用されていたり、テーマになっていると、元ネタが知りたくなって次の本に詩集を選んだこともある。しかし読みこなせない。どう読みといて、楽しめばいいのかわからない。そんなことが何度かあって、詩は難解なものだときめつけてしまっていた。

そんな詩の印象が、大学生のときにある友人のおかげで変わった。彼女は詩が好きで、身近な題材をあつかった読みやすい作品をたくさん教えてくれた。情景があざやかに目にうかんだり、笑ってしまうような言葉にふれているうちに、だんだんと詩への苦手意識がうすれていった。そうなるとおもしろいことに、むかし敬遠した詩も近よりがたくなくなった。

そんなころに知ったのが、茨木《いばらぎ》のり子の「汲《く》む」だ。大人になるとは、どういうことなのかと問われた気がした。背のびをしていた二〇歳前後の私に、背のびをしないことの難しさをつきつけてくれた。

さて詩人には、社会のさまざまなことに〝抵抗〟した人間が多い。世の中ではあたりまえとされる流れをあたりまえにできない精神だからこそ、詩を書かずにはいられないのかもしれない（この点は私の専門である哲学に通じるところがある。常識に「待った」をかけるからだ）。人間の〝尊厳〟を貫くための戦い、などと書くと本人たちからは否定されるかもしれないけれど、そんな〝抵抗〟の気概を感じた。

特定の方向にアンテナが向いていると、関連する情報に敏感になりやすい。本の題名や新聞記事、おしゃべりなどでキーワードに出合うと、「あっ、これはつながる」と思う。またこうやって反応していると、その態度をみた人が思いがけず紹介してくれることもある。そんなときは、少しでも気になったものは取捨選択せずにまずは貪欲に手に入れることにしている。こうして〝抵抗と尊厳〟のアンテナでめぐりあった次の本が、ソルジェニーツィンの『イワン・デニーソヴィチの一日』だった。

この小説は、ロシア人の著者がスターリン政権下で強制収容所に入れられた体験が基になっているのだけれど、不思議なおもしろさがあった。派手な事件はひとつもなく、描写は淡々としている。それなのに主人公のシューホフが過酷な状況を生きぬくために知恵をしぼるさまが、とてもスリリングだったりユーモラスだったりするのだ。また本のなかには、最後の一ページを読んだ瞬間に心が震えるものがあるけれど、これもそういうたぐいの作品だった。

人間、いつもきりっと襟を正しているのはどうにも息苦しい。だらけたり、なまけたり、鈍感になってしまうこともある。ただ、たまに「汲む」を思い返す。そしていま自分はどんな大人なのだろうとふり返る。シューホフの一日と自分の一日の感じかたを比べてみる。

一般のジャンル分けではなく、私にとって〝似た匂い〟がするからおなじカテゴリーでくくっている本がある。若いころに読んでいた、そしてときおり自分と引き比べる。二〇歳までに、ぜひ一度は読んでほしい。〝抵抗と尊厳〟にくわえて、いまこの二冊は私にとってそんなカテゴリーの本たちになっている。

●いしげ・ゆみ　大手前大学准教授。一九七〇年、京都府生まれ。九六年、龍谷大学文学部哲学科哲学専攻修士課程修了。二〇〇六年、イギリスのダーラム大学博士課程修了。二〇〇八年より現職。専門は西洋哲学（における人格の同一性問題）、倫理学、サブカルチャー。著作に『マンガがひもとく未来と環境』（発行・アサヒビール、発売・清水弘文堂書房／二〇一一年刊）。共編著に、学生同士の学び方支援養成テキスト『ピアチューター・トレーニング』（ナカニシヤ出版／二〇一四年刊）ほか。近著（共編著）に『日仏マンガの交流』（思文閣出版／二〇一五年刊）がある。

『ポケット詩集』

石毛さんに伺ったところ「『汲む』に惹かれて自分で購入しようとしたとき、書店でいろいろ見て『ポケット詩集』に決めたのです。多くの（一見とっつきやすい）詩が載っていて、おもちゃ箱みたいでいいなと思ったからです」とのこと。文庫サイズのハードカバー、約一五〇ページの中に日本の詩人二七人による三三本の詩が集められている本（すべての漢字にふりがなが振られている）。茨木のり子は「汲む」の他に「聴く力」「自分の感受性くらい」が収録されている。

（田中和雄編／童話屋／一九九八年刊）

『イワン・デニーソヴィチの一日』

《彼は極限状況ともいうべきラーゲルのなかにあっても旺盛な生活力を発揮し、きびしい作業現場でも思わず仕事に熱中して、作業中止の声がかかっても、「仕事の出来ばえを一目眺めずにはいられない」ほどである》（文庫版解説より）。著者は一九一八年、ロシア生まれ。第二次世界大戦中に思想的理由で逮捕され、ラーゲル（強制収容所）に送られる。七〇年、ノーベル文学賞受賞。七四年、国家反逆罪で国外追放。九四年に帰国。二〇〇八年没。

（アレクサンドル・イサエヴィチ・ソルジェニーツィン著／木村浩訳／新潮文庫／一九六三年刊）

「自分探しをする自分」を変えた先輩からの文献リスト

石田光規

大学生、大学院生のころのぼくは「自己」を確立するのに必死だった。自分探しマニュアルや心理学系の本もずいぶん読んだ。そんななか、ある一冊の本が目についた。『自分に気づく心理学』。これを読めば、もやもやしていたぼくの自分探しもきっと終わるに違いない。

しかし、効果はまったくなかった。心理学やマニュアルを駆使して自分を探せば探すほど、却《かえ》って「本当の自分」は遠のいてゆく気がした。解決の糸口がないまま、あてのない自分探しの旅を続けていた。

旅の終わりは、ある本の出合いとともにやってくる。営業職への抵抗感から会社を辞め、大学院に入学したぼくは相変わらずふらふらとしていた。そんななか、ある研究会に参加した。そこでは、先輩が「個人化」現象について報告していた。個人化とは、世の中のシステムが個人単位に移ってゆく社会状況を説明したものだ。

「個人化」という言葉に妙に惹かれたぼくは、先輩が配った資料の文献リストにある『モダニティと自己アイデンティティ』を読んでみた。イギリスの社会学者アンソニー・ギデンズの著作である。そこには自分を探し続けていたぼくにとって、まさに〝盲点〟とも言える言葉が並んでいた。いわく、個人がことのほか強調される時代だからこそ、人はアイデンティティを確立し自己を設計する責任を課せられる（執筆者による大意要約です）、と。

「そうなのか。ぼくがこれまで自分を探し続けなければならなかったのは、社会によってそれを求められていたからなのか。」

それ以降のぼくは、胸のつかえがとれたように、ぱったりと自分探しをやめた。社会の流れに沿って自分探しにいそしむことが、何となくばかばかしく思えたからだ。「自分探しをする自分」を客観的に見てしまったからだろう。

いま、自分探しマニュアルや心理学系の本は、ぼくの研究対象として書棚に並んでいる。人が「自己」や「心理」を過剰に意識しなければならない「社会」のありようを検討するのがぼくの研究テーマのひとつだ。

こうして考えると、ぼくにとっての「次の本」は、何冊もの〝似たような本〟を通過してやっと現れたのだと思う。というのも、それまで、違うジャンルの本を手に取る選択を思いつかなかったからだ。

何の気なしに参加した研究会は、ぼくの関心を異なった方向に導いてくれた。今や連絡先すら知らない先輩の報告は、その後のぼくの人生に大きな影響を与えている。同じテーマを違う角度から書いた本を読むことで、いま見ている景色が急に変わることがある。しかし、違う角度の本はたいてい、自分のふだんの生活と少しずれたところに潜んでいる。隠れた関心に気づかせてくれる本との出合いを通じて、これまで見たことのない景色に遭遇する。それこそが読書の醍醐味だ。

●いしだ・みつのり　社会学者。一九七三年、神奈川県生まれ。九七年、立教大学社会学部卒。二〇〇七年、東京都立大学(現首都大学東京)大学院社会科学研究科博士課程単位取得退学。博士(社会学)。大妻女子大学准教授を経て、現在は早稲田大学文学学術院准教授。著書に『産業・労働社会における人間関係』(日本評論社、二〇〇九年刊)、『孤立の社会学』(勁草書房、二〇一一年刊)。近著に『つながりづくりの隘路――地域社会は再生するのか』(勁草書房／二〇一五年刊)がある。

『自分に気づく心理学』

一九八七年刊。二〇〇〇年の文庫版ほか判型を変えて刊行され続け、現在は二〇〇六年刊の愛蔵版が五〇刷を超えるロングセラー。著者は一九三八年、東京都生まれの心理学者、精神衛生学者。東京大学教養学部教養学科卒業、同大学院社会学研究科修士課程修了。現在は早稲田大学名誉教授。日本精神衛生学会顧問(元理事)、産業カウンセリング学会元理事。ラジオ番組「テレフォン人生相談」のパーソナリティを三〇年近く続けている。文庫版、共編著や訳書を含め四七〇点を越える著作がある。

(加藤諦三《たいぞう》著/PHP研究所/二〇〇六年刊)

『モダニティと自己アイデンティティ』

原著は一九九一年刊。巻末の「解題」で訳者のひとりがこう書いている。《モダニティ、再帰性、存在論的安心、ライフ・ポリティクス……と、本書に登場する「専門用語」を並べてみるといかにも難しそうだが、そのじつ、本書はセラピー、恋愛、結婚と離婚、ダイエット……と、身近な話題満載である》。著者は三八年生まれ。ロンドン・スクール・オブ・エコノミクス元学長。ドイツの社会学者ウルリッヒ・ベックらとの共著『再帰的近代化』(而立《じりつ》書房/九七年刊)で、伝統や自然を変えてきた「近代」は終わり、私たち自身を変える次の近代化が始まっていると提唱した。

(アンソニー・ギデンズ著/秋吉美都、安藤太郎、筒井淳也訳/ハーベスト社/二〇〇五年刊)

『神話の力』から スティーヴン・キングの著作群へ

この一冊で もう十分だと思っていたら

冲方丁

これまでで最も切実に「本」を求めた時期は、二十歳の頃でした。当時を一言であらわすならば「混沌」。父を亡くし、なんとしたことか作家デビューしてしまい、大学生活を送るべく東京へ出たものの、涙が出るような私の経済苦を見かねたある芸術家一族のお宅に居候し、生活費を稼ぐため仕事を斡旋してもらいゲーム会社の契約社員となる。

全部、いっぺんに来た。何もかも早すぎた。人生には、そういう時期があるものです。自分の精神が混乱していることはわかるけれど、どうすることもできない。なんとか耐えるしかない。耐えるための何かが欲しい。みんな似たような状況のコミュニティにいれば、そこで培われる知恵を頼ればいい。だが孤独なときは、歴史や世界のどこかにあるであろう、共感しうる人生の経験を頼るしかない。それを与えてくれるのは本だけ。人生に光をもたらしてくれる一冊がどこかにある。そう信じて未知の「本」を探し求めました。

不思議なもので、そういう「本」は向こうから来る。ある書店で、「あっ」と思ったのを今でも覚えています。書棚で『神話の力』の単行本を見た瞬間、理屈抜きに「あれだ」と直感しました。そして中身もろくに確認せず購入し、その日のうちに読破したのです。以来、その一冊を一八年にわたって読み続けています。神話に秘められた人生と世界のかかわり。己の至福を求めるときに遭遇する様々な冒険。自分の年齢によって読み方が変わり、時を置くたび新たな発見がある。そうしてきっと一生、読み続けることになる。

では、著者（対談集なので二人いますが）の本の全てが同じく糧になるかといえば、そうとは限らない。幾ら関連書を読んでも、心から求めていたものに出会えたという衝撃的な実感がまったくない。きっともうこの一冊で十分だと心が判断したのだろう。そう思っていた矢先、いきなり来た。それがスティーヴン・キングの膨大な著作群でした。

実は『神話の力』を読む前から、キングの本は何冊も読んでいたのです。どれもべらぼうに面白かったが、それ以上ではなかった。娯楽で気を紛らわせたいときに読む本。そう思っていた自分が、あるとき一変した。己の影との闘争を描く『ダーク・ハーフ』。

究極の自己犠牲を描く『デッド・ゾーン』。残酷なロマンスである『クリスティーン』。最近では、善と悪を描く『アンダー・ザ・ドーム』などなど。これこそが現代の神話だ、と理解したとき、ようやくそれらの本が、求めていた二冊目だったと悟ったのです。しかも今度は著作全てそうだった。世界でも希有な多作家の本全部が。なんという幸福でしょう。

そう。「次の本」は未読の本とは限らないのです。一冊目に出会うまでは、それが二冊目であることに気づかない。そういう本が、今まさにあなたの本棚の片隅で、ひっそりとあなたとの本当の出会いを待っているかもしれませんよ。

●うぶかた・とう　作家。一九七七年、岐阜県生まれ。早稲田大学中退。九六年、『黒い季節』でデビュー。二〇〇三年、『マルドゥック・スクランブル』で日本SF大賞受賞。二〇〇九年、『天地明察』で本屋大賞、吉川英治文学新人賞、舟橋聖一文学賞、大学読書人大賞、北東文芸賞受賞。二〇一二年、『光圀伝』で山田風太郎賞受賞。アニメ「蒼穹のファフナー」のシリーズ構成を担当するなど、小説に限らず、コミックやゲームまで幅広くエンタテインメント作品の創作に携わる。近著に文庫版上下巻『光圀伝』(角川文庫／二〇一五年刊)。

『神話の力』

《神話はなにかを解くかぎだとおっしゃる？》《神話は、人間生活の精神的な可能性を探るかぎです》――。「スター・ウォーズ」生みの親ジョージ・ルーカスにも多大な影響を与えた神話学の世界的権威に、アメリカを代表するジャーナリストが問う。たとえば裁判官がスーツ姿ではなく、あの恰好で今も法廷に立つのはなぜか。神話とは古くさい《ギリシャの神々だのなんだの》という話ではなく、私たちが何かを考えたり社会をつくったりするときに、今も大きな影響を与えている。キャンベルは一九〇四年、ニューヨーク生まれ。世界各地の神話の比較研究に大きな業績を残す。八七年没。モイヤーズは三四年、オクラホマ生まれ。ジョンソン政権の大統領報道官ほかを経てジャーナリストに。

（ジョーゼフ・キャンベル、ビル・モイヤーズ著／飛《とび》田《た》茂雄訳／早川ノンフィクション文庫／二〇一〇年刊）

スティーヴン・キングの著作群

身長約二メートル、体重ほぼ一〇〇キログラムの巨漢にして、現代を代表する世界的ベストセラー作家。スティーヴン・キングは一九四七年、アメリカのメイン州生まれ。高校教師を経て七四年にホラー小説『キャリー』でデビュー（七六年にブライアン・デ・パルマ監督で映画化）。冲方さんが挙げた作品以外にも『シャイニング』『ミザリー』『トミーノッカーズ』、ホラー以外にも『スタンド・バイ・ミー』『グリーン・マイル』……と、その著作群は膨大で、しかも毎年増えていく。借りた本を返すのを忘れているとやってくる恐ろしい『図書館警察』もお忘れなく。左にはキングが自身の半生と小説作法、読んだ本ベスト八〇についてたっぷり書いた（だが著作の中ではかなり薄い）『書くことについて』を挙げる。

（スティーヴン・キング著／田村義進《よしのぶ》訳／小学館文庫／二〇一三年刊）

「読んでみようかな」そう言った父の葬儀の席で

浦野光人

大学を卒業するときの話です。二月に経済地理学ゼミの追い出しコンパで後輩の女子学生二人が、私だけに『星の王子さま』をプレゼントしてくれたのです(理由は教えてもらえませんでした)。存在は知っていましたが、自分で手に取ることはない本でした。

その日のうちに読みました。六番目の星で王子さまは地理学者に出会います。私には、博士課程に進んで極めようかと考えたこともある地理学です。しかも、サン＝テグジュペリの母国フランスは、当時の世界の地理学のナンバーワンの国です。しかし、その地理学者が虚仮《こけ》にされている。ひじょうに腹が立ったことは覚えています。

気になったのは——どの批評にも出てくる台詞ですが——《かんじんなことは、目に見えない》でした。人文であれ自然であれ、科学を勉強したものならば、見たままが真実ではないということが科学の第一歩だということは知っています。キツネは王子さまに秘密めかして言ったわけですが、私は「あたりまえでは？」と思ったのです。

三月、就職する前に実家に帰り、父とゆっくり話す機会がありました。私が「こんな本をもらったんだよ」と言ったとき、父は『星の王子さま』を知りませんでした。しかし、私から話を聞くうちに父は急に真面目な顔になってこう言いました。

「仏教以外で、《かんじんなことは、目に見えない》と聞いたのは初めてだ。それはもしかするといい本かもしれない。読んでみようかな」

終戦後に満州から引き揚げて苦労して寿司屋を始め、私を大学まで行かせてくれた父です。新聞を丹念に読む人ではありましたが、父はいわゆる「読書家」ではありません。その父が「光人《みつど》は般若心経を知っているか？」と訊いてきました。そのときの私は、まだ般若心経そのものは読んでいませんでした。

「般若心経に最初に出てくる《観自在菩薩》の《観》は、心で見る、心で聞くという意味だと和尚さんから聞いたことがある」

「（『星の王子さま』に）いろんな大人が出てきて批判されるのは、『物事に執着するな』ということを言っているんじゃないか？　それは般若心経でいう《色即是空、空即是色》と同じ意味なのかもしれない」

春休みの、のんびりとした日の話です。父とはそれ以上深い話になることはありませんでした。

それから九年後、父が突然亡くなります。七四歳でした。葬儀の席でお坊さんが唱える般若心経を聞きながらあの日の父との話を思い出し、初めて般若心経を読んでみようと思いました。当時は般若心経はまだ今のように一般化しておらず、解説書も少なく、横浜の本屋で見つけたのが『般若心経講義』でした。

中身の濃さと深さに圧倒されました。繰り返し読んでもなかなかわからない本です。しかし、繰り返し読むうちに少しずつわかってくる。「ああ、親父は間違いなくこの本を読んでいたんだな」と確信しました。

『般若心経講義』が父の遺品の中にあったわけではありません。『星の王子さま』を読んだかどうかも、わかりません。しかしこの二冊は、私が今でも「父が読んだであろう」と思い続けている本なのです。

●うらの・みつど　ニチレイ相談役。一九四八年、愛知県生まれ。七一年、横浜市立大学文理学部経済地理学科卒。同年、日本冷蔵(現ニチレイ)入社。二〇〇一年、代表取締役社長就任。二〇〇五〜〇八年、経済同友会副代表幹事。文部科学省中央教育審議会委員、同大学設置・学校法人審議会(学校法人分科会)委員も務める。

『星の王子さま』

砂漠に不時着した飛行士と、よその星から来た王子さまの物語。一九五三年初邦訳。現在は原書初版本に合わせた新版が刊行。ふるさとの星をあとにした王子さまは、王さま、うぬぼれ男、呑み助、実業屋、点燈夫に出会い、最後に《仕事べやに、ずっとひっこんでるきり》で現場には行ったことがない地理学者に会う。だが王子さまに《地球の見物しなさい。なかなか評判《ひょうばん》のいい星だ……》と教えてくれたのもその地理学者。著者は一九〇〇年、フランス生まれ。四三年に本書を出版。四四年、コルシカ島沖合を飛行中に行方不明となる。

(サン＝テグジュペリ著／内藤 濯《あろう》訳／岩波少年文庫／二〇〇〇年刊)

『般若心経講義』

全六〇〇巻の『大般若教』を二六二文字で簡潔に説いた「般若心経」。原本は仏教誕生の地インドにも、それが広まった中国にもなく、日本の法隆寺だけに残っている。その解説書は、一九七二年に松原泰道《たいどう》著『般若心経入門』(祥伝社刊)、八一年に大城立裕《たつひろ》著の同名書(光文社刊)がそれぞれ新書で刊行されブームとなっているが、三四(昭和九)年にラジオ講座から生まれ、五二(昭和二七)年以来今日まで角川文庫に収録され版を重ねている本書はその源流といえる。著者の高神覺昇《たかがみかくしょう》は一八九四(明治二七)年、愛知県生まれの仏僧、仏教学者、大正大学教授。四八年没。

(高神覺昇著／角川ソフィア文庫／一九五二年刊)

『働く大人の教養課程』から『コミュニケイションのレッスン』へ

学生と一緒に仕事をしたから その本が目に入った

大泉大介

わが意を得たりの表題だった。自社の新聞記事に見つけた本『言葉が足りないとサルになる』。おいしいケーキを食べて「ヤバイ」、先生に怒られて「ヤバイ」、テストが思いのほか高得点でも「ヤバイ」……。本来、もっと多彩なはずの心理や情景の描写を、すべて「ヤバイ」で済ませてしまう若者に接するにつけ、「これはヤバイ」(笑)と感じていたからだ。

若者たちに「サル化」の危うさを感じたのは二〇一二年の夏以降、「記者と駆けるインターン」と銘打った事業を担当してきたことが大きい。東日本大震災の翌年から一期につき一二〜三五人の大学生・院生を二週間ずつ受け入れ、被災地で取材と記事執筆を体験してもらう弊社独自の取り組み。一五年夏までに通算一一期、計二二三人と一緒に仕事をする中で、「ヤバイ」を無自覚に乱発する学生の多さに焦りを覚えた。

調べると著者の岡田憲治・専修大教授には、『働く大人の教養課程』との著作もあった。参考文献として学生に薦めるには『サル―』では無用な反発を招く気がして、『働く―』を買った。読むと、われわれが学生に伝えたいことの多くが記されていた。《「仕事がデキる」とは?》《デキる人の質問作法》――。八つにまとめられた要点は、事あるごとに学生に伝えた。

インターン学生は基本三〜四人一組で活動する。取材先を見つけてアポを取り、取材に出向き、聞いた話の中から重要な情報を選び、限られた字数で分かりやすくまとめる。取材テーマは一貫して「被災地の中小企業」。記事は夕刊と「河北新報オンラインコミュニティー」のブログ(https://kacco.kahoku.co.jp/author/intern)に載せるから、もはや「ごっこ」の域ではない。写真も自分たちで撮る。

記者の仕事の勘所は「取材先」と「読者」、それぞれとのコミュニケーションを両立させることにある。学生にもこの難しさと楽しさ、やりがいをしっかり体感してもらう。どうすれば取材に応じてもらえるのか、どう表現すれば読者に伝わるのか。持てる知識と経験を総動員し、言葉を駆使して、良好・良質なコミュニケーションを追求する。

そんな学生の伴走役の自分の目に、本屋で『コミュニケイションのレッスン』が飛び込んできたのは必然だった。コミュニケーションのコツやツボをもっと分かりやすく伝えたいと願う自分の問題意識が、その出会いをくれた。サブタイルの『聞く・話す・交渉する』は、ずばり取材のエッセンス。一気に読破して得た気付きは、その後のインターンプログラムの進化につなげた。

本との出会いは「内面の発露」だと思う。その時々の自分の課題や悩み、関心事に即した本に目が留まり、手が伸びる。自分の生き方のベクトルが、そのまま本との巡り合わせやチョイスにつながる。

記者インターンを続けている理由にも通じるが、幸福な世の中は、時代を共にする他者との円滑なコミュニケーションの上に成り立つと信じる。だから「河北育ち」の学生たちにはいつも、「言葉を磨いてヒトになろう」と呼び掛けている。

●おおいずみ・だいすけ　河北新報デジタル推進室記者。一九七一年、宮城県大崎市生まれ。立命館大学国際関係学部卒。九五年、河北新報社入社。報道部、五所川原支局、特報部、大崎総局などに勤務。二〇一一年の東日本大震災直後から、津波で大きな被害を受けた宮城県南三陸町の取材を担当。同年六月から現職。河北新報社と一般社団法人ワカツクが共同で主催する「記者と駆けるインターン」を担当。二〇一五年夏は一二日間、一六人の学生たちを指導した。宮城県を中心にＮＰＯやボランティアなどを支援する特定非営利活動法人「杜の伝言板ゆるる」理事。

『働く大人の教養課程』

会社という場には、仕事とは何かという基礎を教えてくれる「一般教養課程」はない。本書はその空白を補完する。目次には《能力は「ある」「なし」の2択ではない》《「立派なことを言わなければ」という強迫観念を捨てる》といったことばが並ぶ。著者は一九六二年、東京都生まれの政治学者。早稲田大学大学院政治学研究科博士課程修了。立教大学法学部助手を経て、専修大学法学部教授。リメディアル（Remedial 大学全入時代の今、以前ならば入学試験に合格しなかった学生が入学し、大学の授業が理解できなくなっている状態を救済する補習教育）活動に従事。『言葉が足りないとサルになる』（亜紀書房／二〇一〇年刊。副題は「現代ニッポンと言語力」）では、学生だけでなく、マスメディアや政治家の言葉の問題も取り上げている。

（岡田憲治著／実務教育出版／二〇一二年刊）

『コミュニケイションのレッスン』

《野球やサッカーが下手だから、人格的に問題があるなんてことはありません。コミュニケイションもまた同じです》と著者は「はじめに」に書き、《コミュニケイションは技術》と考え、その練習方法をアドバイスする。鴻《こう》上《かみ》尚史《しょうじ》は一九五八年、愛媛県生まれの演出家、脚本家。早稲田大学法学部在学中に劇団「第三舞台」を結成。八七年、「朝日のような夕日をつれて」で紀伊國屋演劇賞、九二年、「天使は瞳を閉じて」でゴールデンアロー賞、九四年、「スナフキンの手紙」で岸田國士《くにお》戯曲賞、二〇〇九年「グローブ・ジャングル」で読売文学賞戯曲賞を受賞。二〇〇一年に「第三舞台」の活動を封印、二〇一一年に封印解除&解散公演を行った。近著『幸福のレッスン』（大和書房／二〇一五年刊）ほか著作も多数。

（鴻上尚史著／大和書房／二〇一三年刊）

文庫をもっと買いたくて

大友俊

一九七八年、薬師丸ひろ子のデビューは事件だった。

十代という時期にそれに立ち会ってしまった我々は、彼女の出演作を追って、森村誠一、半村良、赤川次郎と次々に角川文庫を手に取った。

翌年くらいだったか、薬師丸ひろ子が本の販促キャンペーンをやっていた。角川ではなく、書店側のものだったと思う。文庫を三冊買うと彼女のポスターがもらえた。

ところが、買いたい文庫がない。NHKの少年ドラマシリーズで、「なぞの転校生」を観て以来、原作を書いた眉村卓《まゆむらたく》のファンでもあるのだが、後に薬師丸ひろ子の主演映画となる『ねらわれた学園』を始め、角川文庫に入っている眉村作品は大方、持っており、まさに「次の本」で困ってしまった。とにかく薄くて安いのを、ということで書店の棚の前を何往復もして選び出した三冊のうちの一冊が『共産党宣言』である。他の二冊が何だったかは忘れた。

同じ頃、ゴダイゴという、英語で歌う日本のバンドの登場で言語に興味を持つようになり、大学でいくつかの言語に触れた後、最終的に日本語の方言をテーマに卒論を書くこととなったのだが、その分野への関心は今も持っている。

半年ほど前にも『ドラマと方言の新しい関係』という本を読んだ。NHKのドラマ「カーネーション」「八重《やえ》の桜」「あまちゃん」を方言の観点から分析したもので、研究者だけでなくドラマ制作スタッフも参加していて大変、興味深い。

「あまちゃん」には薬師丸ひろ子が出演していた。つまり、一見、関係のなさそうな本が薬師丸ひろ子で結びついている。

類例として、本との出会いに影響を与えた映像メディアを挙げてみると、NHKで放送された「シェークスピア劇場」というシリーズがある。大学でシェークスピアの講義があったので観てみたのだが、ドラマなのでわかりやすく、「シェークスピアって面白いんだ」と思い、講義と関係のない作品の本を自発的に買ったりした。同じように、シャーロック・ホームズ全作を読み解説本に手を伸ばすようになったのは、ジェレミー・ブレットがホームズを演じたテレビシリーズによるところが大きい。

漫画に目を移せば、竹宮惠子を読むようになったのは『地球《テラ》へ…』の映画化が発表された時である。この映画で、ジョナ・マッカという気弱なエスパーの声を当てたのが――と、話はやはり薬師丸ひろ子に戻って来る。

ポスター欲しさに買った『共産党宣言』だが、今に至るまで一度も開いたことがないので内容を紹介することができない。

●おおとも・しゅん　会社員。一九六四年(薬師丸ひろ子と同い年)、秋田県生まれ。八八年、東京外国語大学外国語学部卒。現在、システム開発のプロジェクトで宮崎に長期出張中。

『共産党宣言』

本体四八〇円(二〇一五年時点)、七五グラム、一二五頁の薄い本。マルクス一六〇年めの誕生日、一九七八年五月五日に薬師丸ひろ子は映画デビュー作「野生の証明」(原作・森村誠一、製作・角川春樹事務所)のカメラリハーサル初日を迎える。静岡県の井川でラストシーンが撮影された八月五日は、エンゲルス八三年めの命日。半村良原作の「戦国自衛隊」(七九年公開)撮影時は受験生であり、登場は三四秒間。八一年の春休みに眉村卓原作の「ねらわれた学園」を収録。同年の夏休みに収録した赤川次郎原作の「セーラー服と機関銃」が、本人が唄う同名主題歌と共に大ヒット。八三年の主演映画「里見八犬伝」が公開された一二月一〇日は、岩波文庫版『共産党宣言』初版刊行から三二年めのその日だった。

(カール・マルクス、フリードリッヒ・エンゲルス著／大内兵衛《ひょうえ》、向坂《さきさか》逸郎訳／岩波文庫／一九五一年刊)

『ドラマと方言の新しい関係』

大阪大学大学院(金水)、日本大学(田中)、早稲田大学(岡室)教授らが登壇した二〇一四年の同名シンポジウムを元とする本。その一二年前、二〇〇二年に放映されたテレビドラマ「木更津キャッツアイ」に主人公の恩師役で出演した薬師丸ひろ子は、二〇〇五年、同じ宮藤官九郎脚本のテレビドラマ「タイガー&ドラゴン」に甘納豆屋の店員および噺家の役(出囃子が「セーラー服と機関銃」)でゲスト出演。二〇一三年、同じく宮藤脚本のNHK朝の連続テレビ小説「あまちゃん」に、主人公・天野アキ(能年玲奈)が付き人となる清純派の大女優(ただし音痴、ということになっている)鈴鹿ひろ美役で出演。薬師丸はこの年のNHK紅白歌合戦にゲスト出演し、「あまちゃん」挿入歌「潮騒のメモリー」を唄った。

(金水敏《きんすいさとし》、田中ゆかり、岡室《おかむろ》美奈子編／笠間書院／二〇一四年刊)

『水木しげるのラバウル戦記』から『ゲゲゲの女房』へ

旅に始まりドラマでつながる

岡本 真

「ゲゲゲの鬼太郎」で知られる水木しげるだが、同時に戦争文学作家でもある。水木はかつて南方方面に出征し、ラバウルで死線をさまよい、左腕を失っている。体験者だからこそ描ける戦争の真の姿を伝えるのが『水木しげるのラバウル戦記』だと思う。

この本に出合うきっかけとなったのは、水木の出身地である境港《さかいみなと》市を訪れた経験だ。一九九七年より数年前の学生旅行の際に、旅の途上でふと境港に立ち寄った。そこで水木の故郷が境港であることを知り、同時に水木が過酷な戦争体験者であることを知った。その数年後、書店でたまたま本書を目にすると、なんのためらいもなく手に取り、買い求めたのだ。戦後七〇年を過ぎ、勇ましい論調も見聞きされる昨今だからこそ、自分自身あらためて読み返したい。

さて、そこから一〇年以上を経て、再び水木しげるが大きく注目されることとなった。二〇一〇年に水木の妻である武良布枝《むらぬのえ》の著書『ゲゲゲの女房』をベースにした朝の連続テレビ小説が始まったのだ。高校生の頃からの朝の連ドラファンであり、かつ水木という気になる人物を妻の側から描くという作品の面白さにはまり、テレビ放送終了後にはDVDのボックスセットまで買ってしまった。さらにその勢いで手にしたのが、ドラマの原作である『ゲゲゲの女房』というわけだ。

一〇年以上の時間差があるのだが、この二冊は私にとってはまさに「次の本」といえるだろう。戦争の現実を伝える『水木しげるのラバウル戦記』とその前後の水木・武良ご夫妻の人生を記した『ゲゲゲの女房』。切り口は異なるこの二冊だが、読み手である私にとってはどこかでこの二冊はつながっている。ドラマ化があってもなくても、いずれ手にしたはずとまでは言い切れないかもしれない。だが、時間をかけて次の一冊へとつながる運命のようなものがあると思わせてくれるのがこの二冊なのだ。

●おかもと・まこと　一九七三年、東京都生まれ。産官学連携のウェブ技術コンサルティング会社、アカデミック・リソース・ガイド代表取締役。九七年、国際基督教大学卒。編集者などを経て九九年にヤフー入社。「Yahoo! カテゴリ」「Yahoo! 検索」「Yahoo! 知恵袋」の企画運営に携わる。〇九年に同社を退職、現在に至る。全国の図書館整備にも携わり、著作に『未来の図書館、はじめませんか？』（森旭彦との共著／青弓社／二〇一四年刊）、近著に柳与志夫（元千代田図書館長）との共同責任編集による『デジタル・アーカイブとは何か』（勉誠出版／二〇一五年刊）がある。

『水木しげるのラバウル戦記』

ラバウルは日本の南方約四六〇〇キロメートル、パプアニューギニアの港町。第二次世界大戦時は日本の陸海軍の大規模な基地があったが、補給線を断たれ包囲され、孤立状態で終戦を迎える。著者は一九二二（大正一一）年、鳥取県境港市出身の漫画家。五四年製作の紙芝居から始まる代表作「ゲゲゲの鬼太郎」は六七年に「週刊少年マガジン」連載となり、六八年から今日まで五回アニメ化。九〇年、『昭和史』（全八巻／講談社）で講談社漫画賞受賞。現在講談社から『水木しげる漫画大全集』（第一期三三巻、第二期三五巻）が刊行中。

（水木しげる著／ちくま文庫／一九九七年刊）

『ゲゲゲの女房』

一九六〇（昭和三五）年秋、お見合いの前、自転車に乗った武良茂（水木しげる）の写真を見て、その笑顔に惹かれた著者は考えた。《腕を失っても生きて戦争から帰ってこられたなんて、実はすごく運のいい人ではないかしら……》。著者は三一（昭和六）年、島根県安来《やすぎ》市生まれ。《私が引っ込み思案だったのは、身長が高すぎるというコンプレックスもあったかもしれません》という著者の役は、連続テレビ小説では松下奈緒、同年公開の映画では吹石一恵、翌年の舞台では水野美紀が務めている。

（武良布枝著／実業之日本社文庫／二〇一一年刊）

『世界史概観』から『人文地理学原理』へ

そして私は世界を見に行くようになった

賀川 浩

H・G・ウェルズの『世界史概観』に出合ったのは太平洋戦争の終わった一九四五(昭和二〇)年の暮か、翌年の一月ごろだった。岩波新書版ではなく、その元となった単行本『世界文化史大系』(大鐙閣/一九二一年刊)であったと記憶している。旧制中学のとき国史(日本史)、東洋史、西洋史などを学年別に習い、それぞれ独立した課目だったから、ジャーナリストであるウェルズの世界という大きな観点からの記述はとても魅力だった。たとえばジンギスカン(チンギス・ハン)をはじめとする蒙古人のヨーロッパへの侵略を、欧州側からの見方だけでなく、侵略する側の事情、気候変化で牧草地に影響が出たため西への移動がはじまったことを紹介していた。

このウェルズの『世界史概観』は、驚きとともに〝知ること〟、歴史での事実を少しずつ〝知る〟楽しさを、私に植え付け、のちの私の仕事への伏線になったともいえる。

それまで私の読書の多くは、人生をどう生きるか、を探る目的が大きかった気がする。夏目漱石や芥川龍之介の小説も、長與《ながよ》善郎の『竹沢先生という人』もそうだった。それは、いずれ近い将来に軍務につき、戦場へ出ていくという戦中派のゆえであったかも知れないが……。

そして、ここで覚えた世界への興味はフランス・ソルボンヌ大学のヴィダル＝ドゥ＝ラブラーシュ教授の『人文地理学原理』でさらに強まった。世界史の面白さを知った私は、縦(時間)の流れから横(空間)の広がりへと、世界の姿形を知りたくなっていたのである。東大の飯塚浩二先生の日本語訳のおかげで、簡潔で生き生きした記述に惹《ひ》かれ、フランス語の勉強にまで手を伸ばすことになる。ものにはならなかったが新しい目が開けたと感じたものだ。もちろん飯塚先生の随筆『北緯79度』にもとびつき、学者や研究者の随筆の書きものに手を伸ばすようにもなった。

世界史と世界の地理への入門にはじまった戦後の私の新しい読書は、四半世紀ののちの「サッカーワールドカップの旅」への伏線となったと思う。

●かがわ・ひろし　フリーランス記者。一九二四（大正一三）年、神戸市生まれ。神戸一中（現・神戸高校）、神戸経済大（現・神戸大学）、大阪クラブなどでサッカー選手として活躍（神戸一中で全国大会優勝、大阪クラブで天皇杯準優勝）。一九歳、航空兵として北朝鮮で出撃を待つうちに終戦を迎える。五二年、産経新聞入社。七五～八五年、サンケイスポーツ編集局長（大阪）。ワールドカップを四〇年以上、一〇回に渡って取材している現役最年長記者。二〇一〇年、日本サッカー殿堂入り。二〇一四年、神戸市中央図書館に「神戸賀川サッカー文庫」開設。二〇一五年、日本人初のＦＩＦＡ会長賞受賞。近著に『90歳の昔話ではない。──古今東西サッカークロニクル』（東邦出版／二〇一四年刊）。

『世界史概観』

世界の歴史が重なり合う本。ジンギスカン（チンギス・ハン）の後継者にマルコ・ポーロが謁見、その本を読んだコロンブスが中国渡航を考える（ここまでわずか三ページ）。著者は『タイム・マシン』で知られるＳＦ作家にして社会思想家。国別・民族別ではなく世界全体の歴史を同時並行で描いた『世界文化史』（一九二〇年刊）の簡潔版が『世界史概観』。ウェルズは四六年没。賀川さんがこの本を読んだ終戦直後、ウェルズはまだ生きていた。

（Ｈ・Ｇ・ウェルズ著／長谷部文雄、阿部知二訳／岩波新書［上下巻］／一九六六年刊）

『人文地理学原理』

原著は一九二二年刊。著者はソルボンヌ大学地理学教授。自然環境の影響を絶対視する従来の地理学に対し、人間の営みの影響を重視する近代地理学を打ち立てた。訳者の飯塚はソルボンヌ大に留学し、ブラーシュ地理学を学んだ地理学者。随筆家としても知られ、北欧紀行文『北緯79度』（三省堂／一九三八年刊）ほかの作品がある。なお、賀川さんの文中に登場する長與善郎は、人道主義の作風で知られる一八八八（明治二一）年生まれの小説家。

（ブラーシュ著／飯塚浩二訳／岩波文庫［上下巻］／一九四〇年刊）

「読みたい」と心に留めておくと書き手の情熱に出会える

加藤正文

取材に出るとき、関連した本を鞄に入れるようにしています。先日、福島県の東京電力福島第一原発に行く際には表題の二冊を選びました。

『ザ・原発所長』の作者黒木亮《りょう》さんとは五年来の友人で、徹底した取材と精緻な作風に惹かれています。本書は事故発生時の福島第一原発の所長、吉田昌郎《まさお》さんをモデルにした最新作。奮闘した吉田さんをヒーローとせず、電力会社という組織で生きた等身大の技術者としてその人生を描いています。

相次ぐ事故、制度の欠陥、政・官・電力の癒着……。理想と現実のはざまで揺れる技術者たちのセリフは、黒木さんの肉声のように響きます。

《なんでＥＣＣＳ(緊急炉心冷却装置)の駆動系とか、大事なものをこんな地下につくったんですかね？　何らかの理由で水浸しになったりすると大変なことになるじゃないですか》《原発って、ウサギじゃなくて、熊ですからねえ。いったん暴走を始めると、人間の手に負えなくなる熊ですよ》(引用は要約。以下同)

原発問題は難解な専門用語が多く、新聞を読んでもなかなか実感がわきません。そこで手が伸びるのが、読みやすくて、書き手が問題の本質を示そうと情熱を傾けた小説やノンフィクションです。とはいえ、図書館や書店に足を運んでも「これだ」を感じさせてくれる本はなかなか見つかりません。

実際、探す時間もあまりなく、考えすぎると疲れてしまう。なので、「原発に関するいい本を読みたい」と心に留めておいて、日常のさまざまな出来事から胸に響く本との出会いを待つようにしています。

さて今回の現地取材で衝撃を受けたのが避難指示区域の福島県富岡町の光景です。静まり返った集落、荒れ果てた家々、今も続く除染……。国策で原発を推進した結果、取り返しのつかない事故を引き起こし、福島県では原発と震災で一〇万人を超す人が避難生活を強いられている。実は事故前から津波への備えを説く警告はいくつもあり、「想定外」ではなかったのです。

今回、福島第一原発の構内に入ることができました。高濃度汚染水のおびただしい数のタンク群。炉心溶融、水素爆発の爪痕は今も生々しい。記者として働く中でどうしても目に刻んでおきたかった場所でした。

免震重要棟二階の緊急時対策本部には吉田所長の座った席があります。《本部長席に座る吉田は「もう駄目かもしれない」と覚悟していた。事態を回避するすべは見つからない。万策尽きて静かに目を閉じ、腕を組んだ》。共同通信の連載をまとめた『全電源喪失の記憶』は迫真力に満ちています。神戸新聞など地方紙に配信しているときから注目していました。

若い方々にお勧めしたいのが今回のような「現場読み」です。見知らぬ場所に出かけ、その地にまつわる本を読む。人類学者の梅棹《うめさお》忠夫さんも名著『東南アジア紀行』(中公文庫[上下巻]／一九七九年刊)で推奨しています。《現地で、実物を見ながら本を読む。本に書いてあることは、よく頭に入るし、同時に自分の経験する事物の意味を、本で確かめることができる》

学者や作家、ジャーナリストたちが実際に歩き、目にした光景や出会った人々から何を感じたか。臨場感と独自の考察が現場読みの醍醐味です。同じ空間に身を置き、現実の底知れぬ深さに震え、無限の教訓を感じ取る。そしてまた「次の本」を携えて現場に向かいたいと感じるのです。

●かとう・まさふみ　神戸新聞東京支社編集部長兼論説委員。一九六四年、兵庫県西宮市生まれ、尼崎市育ち。大阪市立大学商学部卒。八九年、神戸新聞入社。経済部、北摂総局、阪神総局などに勤務。論説委員兼編集委員、経済部次長を経て、二〇一五年より現職。著書にイラストレーター・綱本武雄との共著『工場は生きている――ものづくり探訪』(かもがわ出版／二〇一一年刊)ほか。石綿公害を追った近著『死の棘・アスベスト――作家はなぜ死んだのか』(中央公論新社／二〇一四年刊)で科学ジャーナリスト賞受賞。

『ザ・原発所長』

《「たっ、大変です！」／職員の一人が血相を変えて室内に飛び込んで来た。／「一号機のリアクタービル(原子炉建屋)の上の部分が吹っ飛んで柱だけになってます！」／「げえっ!?　じゃあ、爆発か!?」／富士は愕然となった》。主人公の名は富士祥夫《さちお》。大阪出身の快活なる現場リーダー。首都電力執行役員・奥羽第一原発所長。そのモデルが吉田昌郎である。著者の黒木亮は一九五七年、北海道生まれ。二〇〇〇年に国際経済小説『トップ・レフト』(現在は角川文庫に収録)で作家デビュー。

(黒木亮著／朝日新聞出版［上下巻］／二〇一五年刊)

『全電源喪失の記憶』

《「1号リアクター(原子炉)の5階が吹っ飛んでます。柱だけになってます！」／「何だ、それは」。所長の吉田が声を上げた。吉田はすぐさまテレビ会議で報告した。「1号機、どうも爆発したんじゃないかと思います。原因は不明です」／テレビ会議は本店、第1原発を結んで騒然となった》。共同通信の長期連載を書籍化。高橋は一九六四年、東京都出身の共同通信社記者。二〇一二年五月より原子力報道室次長。

(共同通信社原発事故取材班、高橋秀樹編著／祥伝社／二〇一五年刊)

『ノー・ノー・ボーイ』から『米國日系人百年史』へ

「無名の個人史」を知りたくなって

川井龍介

その本を見つけたのは、二〇年以上前のことだ。ある町のさびれたアーケード街の古本屋だった。客のいないその店にぶらりと立寄り書棚を眺めていると、背表紙の『ノー・ノー・ボーイ』という文字が目に入った。語感に惹かれ手に取ると、表紙のエキゾチックな絵にさらに興味を覚えた。値段は一〇〇円。「タイトル・表紙」買いの一冊だった。

一気に読んだ。しばらくしてもう一度読んでみると、さらに味わい深い。そしてこの小説が生まれる背景と作者について興味がわいた。作者はシアトル生まれの日系アメリカ人二世、ジョン・オカダ。小説の舞台は太平洋戦争が終わった直後のシアトル。主人公の二世、ヤマダ・イチローは家族の事情から徴兵を拒否したために刑務所で二年間を送り、戦後故郷のシアトルに帰ってきたところから物語ははじまる。

戦時中収容所に入れられた日系人に対して、アメリカ政府は国家に対する忠誠を確認する質問を二つする。この両方に「ノー」と答えた者がノー・ノー・ボーイと呼ばれた。アメリカ人として戦地に赴き殊勲をたてた日系人が多数いるなかで彼らは差別された。イチローはノー・ノー・ボーイではないがいわばこの仲間であり、自分が選択した行為に悩み、日本人とアメリカ人の間にある自分はいったい何者なのかと自問する。

彼の懊悩《おうのう》は、単に二世の問題ではなく、国家、民族、家族と個人の関係を問う意味で普遍的なテーマだと私は感じた。これをきっかけに私はジョン・オカダの世界と日系アメリカ人に興味をもち調べはじめた。四七歳で亡くなったジョンの家族にシアトルで会い、ジョンの父親の故郷、広島の田舎を訪ねそのルーツを確認した。この過程で日系人全体の足跡を詳述するユニークな本に出合った。それが『米國日系人百年史』だ。

アメリカでこの本の一部のコピーを手に入れたのがきっかけでその存在を知り、原本を確認したのは横浜の図書館だった。一九六一年にロサンゼルスで日系の新聞社から発刊されたこの本は一四〇〇ページを超える大著。編集責任者の加藤新一は全米を車で走破して取材したというほどここには一世の足跡が、細かなエピソードをまじえて具体的に記されている。日本人がアメリカ人になっていく過程の記録ともいえる。

読み進めていくうちにあるページに岡田善登《よしと》という人物が顔写真入りで小さく紹介

されているのを発見した。ジョンの父親である。この岡田がやがてOkadaに変わっていく間に、アメリカに渡った日本人がアメリカ人になっていくというダイナミックな変化があったのだ。ヤマダ・イチローはそうした変化の渦中で苦悩した象徴でもあった。

このころ私は、明治時代にフロリダ州に集団移民した日本人のことを調べはじめていたこともあり、アメリカへ渡った一世たちのさまざまな個人史を知りたかった。この点、無名の個人の歴史(事実)が満載の『百年史』は、他のどの本や資料よりも私には興味深かった。

無数の二世代の歴史が集まった『百年史』もまた、国家と文化を跨いで人間がどう変わっていくかという時代と国境を越えた普遍的なテーマを抱えている。偶然出合った古本は、次の何冊かを手繰り寄せ、気がつけば自分にとって大きな存在になっていた。

●かわい・りゅうすけ　ジャーナリスト。一九五六年、神奈川県生まれ。慶應義塾大学法学部卒業後、毎日新聞社入社。新聞記者、雑誌記者などを経て独立。一〇〇年以上前にアメリカのフロリダにできた日本人村を題材とした『大和コロニー』(旬報社)、青森の弱小高校野球部を描いた『122対0の青春』(講談社文庫)などのノンフィクション作品を著す。若者向けの岩波ジュニア新書からは、実社会での生活案内『社会を生きるための教科書』、実践的な文章技術ガイド『伝えるための教科書』を刊行。近著に『フリーランスで生きるということ』(ちくまプリマー新書／二〇一五年刊)がある。

『ノー・ノー・ボーイ』

日系アメリカ人作家が書いた小説。手前の路上には黒い犬。「GROCERY STORE」(食料雑貨店)と描かれた緑色の木製のドアは、ペンキが剥がれている。ドアのガラスの向こうの隅には、エプロンをまとい腕を組み、こちらを睨むように見ている少年。これが本書邦訳版の表紙。原著は一九五七年、アメリカで刊行。著者のジョン・オカダは二三年、日系移民の子としてアメリカのシアトルに生まれる。第二次世界大戦に従軍、戦後はシアトルやデトロイトの公立図書館で働いた。七〇年、心臓発作で死去。本書の巻末には中国系アメリカ人作家フランク・チンが《――ジョンは、アジア系アメリカ人が考えることすら恐れ、今でも口に出すなんて及びもつかぬことを言ってのけた》と文を寄せている。近々、川井さんの新訳版が旬報社より刊行予定。

(ジョン・オカダ著/中山容訳/晶文社/一九七九年刊)

『米國日系人百年史』

幕府軍艦の咸臨丸がサンフランシスコに入港した一八六〇(万延元)年から一〇〇年を記念して刊行された、『広辞苑』と同じくらいの分厚い本。アメリカで暮らす日系人の話を中心に、日米交流一〇〇年の歴史を記している。第一篇「米国日系人百年史」と第二篇「各州日系人発展史」の二部構成。第一篇第十三章「日米戦争下の在米日系人」では、日系人が「敵国外人」として戦時転住所(収容所)に入れられ忠誠登録を強要された史実に、他の章より圧倒的に多い七〇ページ強を割く。絶版のため古書市場でしか入手できないが、現在は「国立国会図書館デジタルコレクション」に収録されており、デジタル画像化されたものを全国の都道府県立図書館や大学付属図書館で閲覧できる。

(加藤新一[新日米新聞社主幹]編/新日米新聞社/一九六一年刊)

『さもしい人間』から
『リベラルのことは嫌いでも、リベラリズムは嫌いにならないでください』へ

本を読むときの「楽しいあみだくじ」の作り方

川口昌人

私自身は手当たり次第の乱読派で、脈絡にも節操にもまるで自信がありません。でもまあ、乱読派には乱読派なりの筋がなくもないんです。

本を読み重ねていくことは、あみだくじ作りに似ていると思います。あみだくじを作るときには、まずタテ線を何本か引いて、そこからヨコ線を書き入れていきますよね。自分にとって、たとえば同じ著者やジャンル、テーマの本を読み重ねていくのは、タテ線を引く作業です。一方、ジャンルをまたいで思考や情報のリンクがつながりそうな本は、ヨコ線の材料になります(『戦争の世界史』『ソーシャル物理学』などなど)。タテ線が長く伸び、ヨコ線が思いがけないリンクを結ぶほど、楽しめるくじができあがるわけです。

とりあえずのおすすめは、気になったテーマのまっとうな新書を一冊読んで、そこ

から同じテーマの「次の本」でまずタテ線を延ばすやり方です。じつは新書というのは玉石混交が激しいカテゴリーなのですが、あなたの中の怒りや恐怖にすり寄ってくるタイトルを避けるだけでも、いい本に出会う確率は高まります。そして「次の本」は、そのジャンルで古典とされるものか、逆に最近出て話題になっているものがいいでしょう。

たとえば、私が最近読んだ新書の一冊に『さもしい人間——正義をさがす哲学』があります。今の社会の「正義」をめぐるビミョーな事情や、それでも正義を実践するにはどうすればいいのかを、しみじみ考えさせてくれるタイムリーな好著です。

さて、このタテ線を伸ばすための「次の一冊」をどうするか。

古典に行くなら、元ネタといえるジョン・ロールズの『正義論』、あるいは少し前に話題になったマイケル・サンデルの『これからの「正義」の話をしよう』あたりでしょうか。ギリシャ時代からの議論が概観できる、中山元《げん》先生の『正義論の名著』もおすすめです。

一方、タテ線を伸ばしつつヨコ線も引けそうなのが、『リベラルのことは嫌いでも、リベラリズムは嫌いにならないでください——井上達夫の法哲学入門』です。日本で「リベラル」と呼ばれる論客や政治勢力の欺瞞《ぎまん》をメッタ切りにしつつ、言葉本来の意味でのリベラリズムが、公正な社会の実現をめざしどんな議論と実践を積み重ねてきたか（そしてときにコケたか）、とてもわかりやすく解説した痛快な一冊です。示された政治的主張のすべてに同意できなくても、「公正さ」についての井上先生の骨太なこだわりは、世の中のいろいろな問題や自分自身の生き方を考えていくときに、深いところで参考になると思います。

『リベラルのことは嫌いでも――』のヨコ線を経由した回路は、私の中では「スターリン研究」から「ロシア・アヴァンギャルド」を経て「詩」や「美術」のタテ線、あるいは「国際政治」「安全保障」を経て「アメリカ史」「世界史」のタテ線へとつながっていきます。タテ線を延ばすもよし、ヨコに展開するもよし。皆さまのあみだくじに繁栄あれ。

●かわぐち・まさと　フリーランスの編集者、翻訳者、ライター。一九六三年、和歌山県生まれ。八七年、同志社大学文学部美学及び芸術学専攻卒。雑誌「ニューズウィーク日本版」「プレジデントファミリー」各編集部を経て独立。

『さもしい人間』

「さもしい」とは、自分の利益ばかりを欲しがる態度が見え見えで、卑《いや》しいこと。《私はどんな人間も哲学ができる、場合によっては、哲学の専門家よりも上手に哲学ができると考えている》と書く著者は、一九六一年生まれの政治哲学者（名古屋市立大学大学院教授）。川口さんの文中に登場する『戦争の世界史』（中公文庫［上下巻］／二〇一四年刊）は、シカゴ大学の歴史学教授ウィリアム・H・マクニールの著。マサチューセッツ工科大学のアレックス・ペントランド教授が書いた『ソーシャル物理学』（草思社／二〇一五年刊）は、人間集団の行動データを大量に記録・分析し、物理学の手法で新しい社会学を考える本。

（伊藤恭彦著／新潮新書／二〇一二年刊）

『リベラルのことは嫌いでも、リベラリズムは嫌いにならないでください』

《リベラルの基本的な価値は自由ではなく正義だ》《無理に日本語にするのなら、「正義主義」とでも言ったほうがいい》と語る著者は、一九五四年生まれの法哲学者。川口さんの文中に登場する『正義論』（紀伊國屋書店／二〇一〇年刊）はハーバード大学名誉教授（倫理学）による八〇〇ページ超の大作。『これからの「正義」の話をしよう』（ハヤカワ文庫／二〇一一年刊）はNHK「ハーバード白熱教室」で日本でも知られるようになった政治哲学者の書。『正義論の名著』（ちくま新書／二〇一一年刊）は、ギリシャの哲学者プラトンからサンデル教授まで、人類が正義について考えてきた歴史を辿る本。

（井上達夫著／毎日新聞出版／二〇一五年刊）

あらためて買い求めて感じた初読時以上のさわやかさ

かんべむさし

小学生のころは子供向けの本ばかり。中学時代はプラモデルマニアだったから、その関連で戦史やミリタリー本を読み出した。一般的な意味での「読書」を始めたのは、高校に入ってからで、大学時代には月に十冊以上読むことをノルマにしていた。卒業後もそれは続き、広告代理店の制作マン時代、そして脱サラして作家になって以降、それぞれ仕事上の必要もあって読み続けてきた。

その傾向はというと、雑学趣味の乱読スタイルで、小説、エッセイ、ドキュメンタリー、伝記、ハウツー本、解説書、対談集等々、何でもありである。だから「次の本へ」の回路も、好きな作家の著書を次から次へと読むとか、特定の人物や事件に興味を持ったらそれを扱った本を読みあさるとか、執筆資料としてビジネス本を大量に読み、心が乾いてしまったので別分野に潤いを求めてとか、そのときどきで千差万別である。だからここでは、その、ほんの一例を紹介する。

『沢木興道《こうどう》聞き書き』を読んだのは、たまたま書店で手に取り、口語形式の自伝が読みやすそうで、おもしろそうだったからである。そして実際、すらすらといくらでも読めて、幼少期の苦難、永平寺での生活、日露戦争の体験談など、実におもしろかった。ひとくちに禅宗の坊さんと言っても、やはり本物と偽物がいることもよくわかり、簡素単純な人生にうらやましさも感じさせられた。

そして、そこから思い出したのが『漱石の思い出』で、文中には漱石と文通し、東京見物に行ったときには自宅に泊めてもらったという、神戸の雲水二人が出てくる。神経過敏な漱石が羨望したほどの爽快さを持つ、まことに禅宗の坊さんらしい人たちなのだ。

実はこの本、大学時代に一度読んでいたのだが、現物はすでに手元になかった。そこで、雲水の部分を読むためあらためて買い求め、初読時以上に、さわやかさを感じさせてもらうことができた。その意味で、「当たり！」と言いたい、次の一冊だったのだ。

ちなみに、『沢木興道聞き書き』を読んだあと、別回路の「次の一冊」として、興道師による禅の考究書籍も読んだのだが、これは難解過ぎて歯が立たなかった。よって、その分野はそれ一冊で中断となったのである。

また、長年の乱読経験で言うなら、「この本は読まねばならない」「こういう本も読んでおくべきだ」と思って買った本は、読まないままに終わったり、読んでも没入できなかったりすることが多かった。逆に、「読みたい」「知りたい」「おもしろそう」で買った本なら、ダーッと一気に読んでしまえる。やはり本の選択は、タテマエや義務感ではなく、ホンネと興味でやるのが本当なのだろう。自分に対して、素直に、正直に、ですね。

●かんべ・むさし　作家。一九四八年、兵庫県出身。七〇年、関西学院大学社会学部卒。六年間の広告代理店勤務を経て、七四年、早川書房「SFマガジン」のコンテストに「決戦・日本シリーズ」で応募。選外佳作となって同誌に掲載され作家デビュー。七五年より作家専業となる。七七年、『サイコロ特攻隊』で星雲賞(日本長編部門)受賞。八六年、『笑い宇宙の旅芸人』で日本SF大賞受賞。二〇〇五年から三年三カ月間ラジオ大阪の早朝番組「むさし・ふみ子の朝はミラクル!」でメインパーソナリティーを務め、その体験を題材にした文庫書き下ろし『ミラクル三年、柿八年』(小学館文庫／二〇一〇年刊)がある。

『沢木興道聞き書き』

副題は「ある禅者の生涯」。禅僧・沢木興道の半生を、その弟子が聞く本。一九五一(昭和二六)年、『禅の生涯』の題で沢木興道老師全伝編纂会より刊行。一八八〇(明治一三)年、三重県に生まれた才吉(のちの興道)は八歳で親に死に別れ、一七歳で養子先を家出し永平寺に向かう。なぜ坊主になりたいのかと問われ「なんだかわかりません、ただ坊さんになりたいのです」と答えたときのことを師は弟子にこう語る。《そうだ、このときのわしの心持ちというものは大作家でなければ表現はできんだろう。「なんにもわかりません」という返事は、当時のわしが自分の心持ちを表現する全部であった》。沢木興道は六五(昭和四〇)年没。著者は一二(明治四五)年生まれ、師が栃木に開いた禅堂・天暁禅苑で弟子となる。のち駒澤大学名誉教授。九六(平成八)年没。

(酒井得元著/講談社学術文庫/一九八四年刊)

『漱石の思い出』

夏目漱石夫人・鏡子に、漱石の長女の夫(小説家、随筆家)が思い出を聞く本。一九二八年、『漱石の思ひ出』の題で改造社より刊行。終盤、一六(大正五)年秋、神戸の臨済宗祥福寺から二人の雲水(禅僧)が夏目家にやってくる。《二人ともにいい人たちで少しも気がおけず、それにいつも書斎へ出入りされる小説家志願の若い方などと違ってというより、むしろまるで反対の無神経で、ぼうっとしているというのかぬうっとしているというのか、とにかくいっこう気づまりな、いらいらしたところがございません》。漱石最晩年の幸せな数日間。雲水たちが神戸に帰ってすぐ、漱石は病床につく。危篤の報を神戸で知った雲水は《ぽろぽろ大粒な涙を流しながら神戸の町をところかまわず歩いたそうです》。漱石はその数日後、五〇歳で没する。

(夏目鏡子述/松岡譲筆録/文春文庫/一九九四年刊)

「めんどくさいこと」を「夢中」に変えるあの方法

金 益見

満員電車のなかでうんざりした気分になると、頭のなかでグーグルアースをする。電車の天井に視点を置いて乗客を見おろして、電車を飛び出して街を見おろして、もっと高く空まで登って日本を見おろして、最後に宇宙まで飛んで地球を見おろす。誰にも迷惑をかけない現実逃避だ。

……でも一方で、わかってもいた。今日のうんざりを少しでもマシな明日につなげたければ、そこから戻ってきて考える必要がある。たとえば、満員電車に乗らなくて済む方法や、満員電車がなくなる方法を。

今、日本がとんでもない方向に向かっている気がするのは、私だけだろうか。ニュースを見るたびうんざりする。でも、少しでもマシな未来をつくるために、宇宙に飛ばした意識をこっちに戻さなければならない。

〝現在のうんざり〟を〝マシな未来〟につなげるために、まずは考えること。しかし、考えるためには、知らなければならない。ひとまず日本のことを知らなければ……ああ、めんどくさい。

私にとって、何かを知るために最も有効な方法は「本を読むこと」だ。たくさん読んだ中で、日本という国をもっともわかりやすく教えてくれたのは、小熊《おぐま》英二さんの『日本という国』だった。難しいことを難しく書いた本はたくさんあるけれど（たまにシンプルなことをわざと難しく書いてる本もあるくらいで……）ここまでブリリアントにわかりやすく日本の近現代史をまとめた本は稀である。小熊さんが達人の如《ごと》く、丹念に歴史資料を編み上げ、完成した織りものを誰でも袖を通せる形で提供してくれた、そんな一冊だ。

そうして日本の上空から日本の形を知った後、私はあの方法を使うことにした。めんどくさいことを夢中なことに変える、あの方法を！　日本の上空からさらに下へダイブする。街が見えた。さらに下へ。ひとりの男の頭が見えた。

「クォン・デ！」

次の本は、日本の変遷を知ることにもっと夢中になりたい！　という想いで手に取った。あの方法とは、視点をマクロからミクロへ小さくしていくことで、「身近」スイッチを発動させ、「夢中」に変えていくという方法。歴史の流れを知った上でひとりの生き方に焦点を絞ると、それがより身近な存在となって、考える「苦」を「夢中」に変えてくれる。中央線に乗っていてもなんとも思わなかった東中野駅が、あの人が住んでいると知っただけで輝くように。

森達也さんの『クォン・デ〜もう一人のラストエンペラー』で書かれているのは、クォン・デという一人の男性の生涯である。大願を成したわけもなく、何かを改革したわけでもなく、ましてや天下を統一したわけでもない。クォン・デの生涯を一言で表すと「親近感」だ。ただ出逢い、意を決して行動し、失敗を繰り返し、ときどき恋をしながら、待ち続けたベトナムの幻の王様クォン・デ。

夢中になって最後まで読むと、そのすべてが「今を生きる」私たちにつながっていることがわかる。そして、それは遠い国の物語ではなく、日本の歴史と深く関わっている。まずは「知ること」。次に「感じること」。そして「考えること」。ずっと「考え続けること」。この二冊は、不安定な今を生きる私たちにとっても大切な思考の流れを、与えてくれる。

やっと今、私の住む場所に戻ってきた。地に足が着いたところで、私ができることは何か？　あの、ものすごい名著を紹介しよう。心を込めて広めよう。

そして、この文章を書いた。

●きむ・いっきょん　神戸学院大学人文学部講師。博士（人間文化学）。一九七九年、大阪府生まれ。神戸学院大学大学院在学中に『ラブホテル進化論』（文春新書／二〇〇八年刊）を著し、現代風俗の独創的研究に与えられる橋本峰雄賞を受賞。二〇一二年、博士論文を基とした『性愛空間の文化史』（ミネルヴァ書房）を刊行。他の著作に、「夢をかなえるために二十〜三十代のころ何をしたか？」を漫画家たちにインタビューした『贈りもの　安野モヨコ・永井豪・井上雄彦・王欣太〜漫画家4人からぼくらへ』（講談社／二〇一二年刊）、大阪の夜間中学生（主に六十代以上の在日コリアン一世、二世）の作文授業を題材とした『やる気とか元気がでるえんぴつポスター』（文藝春秋／二〇一三年刊）がある。

『日本という国』

明治と第二次世界大戦後に焦点を当てた理由を著者はこう書く。《どちらも、国家の基本的なしくみができあがった時代だ。だから、それらの時代のことを知れば、いまの「日本という国」のあり方の、だいたいのことを知ることはできると思う》。著者は一九六二年、東京生まれ。慶應義塾大学総合政策学部教授。九六年、『単一民族神話の起源』（新曜社／九五年刊）でサントリー学芸賞受賞。二〇〇三年、『〈民主〉と〈愛国〉』（同／二〇〇二年刊）で毎日出版文化賞、大佛次郎論壇賞を受賞。

（小熊英二著／イースト・プレス／二〇一一年刊）

『クォン・デ』

《僕らの王子は、日本に殺されたようなものなのに、どうして日本人は誰も、このことを知らないのですか》。ベトナムからの留学生のことばに著者は興味を持つ。一九〇六年、フランス植民地だった母国を取り戻すべく日本に密入国した王子は、なぜ何もできずに戦後の東京で没したのか。著者は五六年生まれ。二〇〇一年、ドキュメンタリー映画「A2」で山形国際ドキュメンタリー映画祭特別賞・市民賞受賞。二〇一一年『A3』（現在は集英社文庫）で講談社ノンフィクション賞受賞。

（森達也著／角川文庫／二〇〇七年刊）

『メタモルフォシス伝』から八木重吉詩集へ

十代に漫画で見たあの詩が今も私を支えるなんて

清野由美

世の中、「ポエム」と「ポエマー」はいたるところに散らばっているけれど、「詩」と「詩人」には、なかなかお目にかかれなくなっています。と書く私も、気ぜわしい日々の中で、「詩」を読む時間はほとんどなく、えらそうなことは言えません。そんな私が「究極の一編」として、心に持ち続けている詩があります。

花になりたい

えんぜるになりたい

花になりたい

八木重吉

平易なタイトルと二行。漢字は「花」だけ。この上なく簡単な詩です。

でも、この詩を読むと、ああ、今日も予定通りにいかなかった、ああ、今日も嫌なことを笑顔でやらねばならなかった、ああ、今日もなりたい自分になれなかった、と頭に渦巻く不満のあれこれがすっと消えて、代わりに明るく安らかな景色が、さあっと広がっていくのです。

なぜ、そのような景色が浮かぶのかというと、この詩を引用した山岸凉子の漫画『メタモルフォシス伝』のワンシーンが、頭に刻み込まれているから。

思春期に読む本は、その後の生き方に深く影響を与えます。私の場合、漱石、太宰、谷崎、三島らの、すばらしき人間失格性&変態性にあやどられた小説が感性のベースとなりましたが、オンタイムで連載を読み進めた少女漫画から受け取ったものが、とても大きかった。

とりわけ「花の二四年組」といわれる大島弓子、萩尾望都、山岸凉子（五十音順、敬称略）の描く世界は別格で、大島先生の繊細で無垢な少女性、萩尾先生の広くて深い物語性、山岸先生の鋭い審美性に触れたことは、その後、人生を選択する場面で大きな基準になったと思っています（やっぱり「先生」を付けないと落ち着かない）。

中でも山岸作品は、当時の少女漫画でお約束だった「美しきお嬢さま」「健康でテヘッな女の子」が主人公ではなく、できる姉と比べられて微妙に屈折する妹や、自信がなくてウジウジし通しのバレリーナ(『アラベスク』のノンナ!)の、内面と成長に焦点が当てられていて、通俗から抜け出していた。そこが画期的かつ革命的だったのです。

一九七六年発表の『メタモルフォシス伝』は、舞台が〝T大合格率全国1、2位を争う猛烈な受験校〟。ミもフタもない受験戦争の中で、自己主張ができない女子、大西久美が、ぐだぐだとイジケている時に、彼女を救うようにこのシーンが現れます。

十代の時の鮮烈な視覚体験が、八木重吉の詩とともに、五十代の私を支えている。そのことに軽い驚きも感じます。

●きよの・ゆみ　ジャーナリスト。一九六〇年、東京都生まれ。八二年、東京女子大学文理学部卒。英国留学、出版社勤務を経て、九一年にフリーランスに転じる。雑誌「AERA」(朝日新聞出版)の人物ルポ「現代の肖像」の執筆を二〇年以上にわたり続ける。主な著書に『セーラが町にやってきた』(プレジデント社/日経ビジネス人文庫)、『ほんものの日本人』(日経BP社)、『新・都市論　TOKYO』『新・ムラ論　TOKYO』(隈研吾との共著、集英社新書)。近著に、神奈川の海辺の町で、あたらしい形の仕事と暮らしを始めた人々を取材した『住む場所を選べば、生き方が変わる』(講談社/二〇一五年刊)がある。

『メタモルフォシス伝』

入学時偏差値七〇の高校に転校生・蘇我要がやってくる。理数系が苦手なのに、家が病院なので医学部を目指さなくてはいけない大西久美。ほんとうは作家志望の新田忍。クラスメートたちは蘇我が見せた（のかもしれない）幻の中で、少しずつ自分が何者なのかに気づいていく。一九七六年「花とゆめ」（白泉社）連載。作者の山岸凉子は四七（昭和二二）年、北海道生まれ。少女漫画の常識を覆し続けた花の二四年組（昭和二四年前後に生まれた女性漫画家たち）のひとり。六九年デビュー。七一年連載開始のバレエ漫画『アラベスク』が大ヒット。八三年、『日出処《ひいづるところ》の天子』（メディアファクトリー）で講談社漫画賞受賞。二〇〇七年『舞姫テレプシコーラ』（メディアファクトリー）で手塚治虫文化賞マンガ大賞受賞。

（山岸凉子著／潮出版社／二〇一四年刊）

八木重吉詩集

『メタモルフォシス伝』序盤には一ページを丸々使って「花になりたい」ともう一つの詩「光」が置かれている。その作者、詩人・八木重吉は一八九八（明治三一）年、東京府南多摩郡堺村（現在の町田市）生まれ。東京高等師範学校（現在の筑波大学）に進み、在学中にキリスト教信者となる。卒業後、兵庫県御影師範学校（神戸大学発達科学部の前身）の英語教師となる。二四歳の時に一七歳の島田とみと結婚。一九二五（大正一四）年、第一詩集『秋の瞳』を新潮社から刊行。二六年、結核を発症。翌二七年没（享年二九）。第二詩集『貧しき信徒』は死の翌年に野菊社から刊行された。ここでは現在書店店頭で最も入手しやすく、丁寧な解説や年譜も収録されている小学館「永遠の詩」シリーズのものを挙げる。

（八木重吉著／井川博年選・解説／小学館／二〇一〇年刊）

『罪と罰』から『新しい人よ眼ざめよ』へ

これでは世間に受け入れられないと現代作家も読み始めたけれど

久坂部 羊

ドストエフスキーの『罪と罰』との出会いは、小学生のときに見たNHKの「ひょっこりひょうたん島」だった。藤村有弘が声を演じるドン・ガバチョが、そのストーリーを語る場面があり、人殺しの青年が悩むというのを聞いて、変だなと思った。そのころはまだ人殺しは絶対悪だと思っていたので、悪いことをしたら素直に反省すべきだと思っていたからだ。

高校二年のときに、早熟な友人の勧めで、『罪と罰』（江川卓《たく》訳）を読み、ラスコーリニコフの凡人・非凡人論に大いに興味を惹かれた。熱に浮かされたようになり、おそらくその影響で、二学期の中間テストの勉強中に、忽然と大長編が目の前に思い浮かんだ。メモをとるひまもないほどの展開で、大半は忘れてしまったが、その一夜で私は小説家になることを決意した。

その後、ドストエフスキーの作品を読みあさり、カフカやラディゲなども読んだ。日本文学は漱石、鷗外、芥川、太宰などを読み、新しくてせいぜい三島由紀夫くらいだった。

そんな古典ばかり読んでいるから、当然、自分の書く習作も古くさくなる。これでは世間に受け入れられないと、現代作家の作品も読まなければと考えた。たまたま新聞に大江健三郎の『新しい人よ眼ざめよ』が採り上げられていて、読んで驚いた。それまでのものとはまるでちがう書き方で、これが小説かと目を疑った。しかし、強烈な魅力を感じて、引き続き大江作品を乱読した。そのあと中上《なかがみ》健次、高橋和巳、島尾敏雄へと進み、同人雑誌にも参加して、少しずつ書き手の世界に近づいた。二十代の終わりのことである。

その後もずっと純文学志向だったから、読むのは現代の純文学作家が多かった。ところが、四十歳をすぎたころから、芥川賞の受賞作のよさがわからなくなってきた。いったい何が言いたいのか、どこに魅力があるのかが理解できない。そんなとき、たまたま「オール讀物《よみもの》」に掲載されていた髙村薫の「ヨゼフ断章・黙せる村」を読んだ。掲載誌から考えて、それまであまり興味のなかったエンターテインメントのはずだが、すばらしく面白く、わかりやすい上に文学的だった。純文学よりよほど訴えるものがあるじゃないかと思い、認識を改めた。

それから桐野夏生《なつお》、東野《ひがしの》圭吾、宮部みゆき、真保《しんぽ》裕一、横山秀夫らの本を読んで、わけのわからん純文学より、エンターテインメントのほうがよほど感動的で面白いと感じた。それで私もそちらを目指すようになった。

小説は面白いに越したことはないが、面白さだけを求めて読むのでは長続きしない。読むのはしんどいし、ほかに手軽な娯楽が山ほどある。次の小説に進むには、作品に表れる書き手の個性や感性に魅力を感じることが大事だろう。要は書き手に惚れるかどうか。私には惚れた書き手が何人もいるので、次に読む本には事欠かない。

●くさかべ・よう　作家。一九五五年、大阪生まれ。大阪大学医学部卒。外科医、麻酔科医、パプア・ニューギニアほか在外公館での医務官を経験。二〇〇三年『廃用身』(幻冬舎)で作家デビュー。著書に、『いつか、あなたも』(実業之日本社、二〇一四年)、『虚栄』(角川書店、二〇一五年)など。大学医学部時代の青春を記した作品に『ブラック・ジャックは遠かった』(１４０B、二〇一三年)がある。

『罪と罰』

主人公ラスコーリニコフは大学を中退した貧乏な青年。金貸しの老婆を斧で殺す。中学三年生で本書を読んだ訳者の江川卓は《――作中の哲学論議など半分もわからぬまま、ただもう場面場面のサスペンス、筋の意外な展開にふりまわされ、いつかそこにみなぎる異常な雰囲気のとりことなって、息もつげず読み終わったことを覚えている》と書く。ドストエフスキーは一八二一年、モスクワ生まれ。二八歳のとき左翼運動に参加し逮捕され、銃殺刑寸前でシベリア流刑を告げられる。六六年『罪と罰』を発表。八一年没。

（ドストエフスキー著／江川卓訳／岩波文庫［上・中・下］／一九九九～二〇〇〇年刊）

『新しい人よ眼ざめよ』

執筆中に二十歳を迎えた「障害のある息子」（渾名《あだな》はイーヨー）と家族の日常を書いた小説。《この小説は、主として主人公の家庭の内部をえがきながら、一九八〇年代からさらに暗いふたしかな未来にむけて生きる新しい人にむけて書かれた社会小説である》（評論家・鶴見俊輔による文庫版解説より）。八二年から「群像」「新潮」「文藝春秋」「文學界」に掲載された短編を八三年に講談社より刊行。大江健三郎は三五年、愛媛県生まれの作家。五八年「飼育」で芥川賞受賞。八三年、本書で大佛《おさらぎ》次郎賞受賞。九四年、ノーベル文学賞受賞。

（大江健三郎著／講談社文庫／一九八六年刊）

『瞑鳥記』から『光あるうち光の中を歩め』へ

まるで対をなすようなタイトルに惹かれ

楠 誓英

『瞑鳥記』を手に取った時の記憶は今も鮮やかに覚えている。たしか、二〇歳の頃だと思う。大学の図書館で出会った。それは、一九七四年に出版された本で、まずそのタイトルに惹かれた。「メイチョウキ」と読むのだろう。暗い空をまなこ瞑《つむ》った一羽の鳥が飛んでいる、そんなイメージが立ち上がってくる。その当時、私は様々なことで苦悩しており、表題の鳥がまさに私自身のことのように思えたのである。そして、本を開くと、次のような歌が並んでいた。

水中のようにまなこは瞑りたりひかるまひるのあらわとなれば
くらぐらと充ちくるゆうべ椅子のない風景ひとつがふいに顕ちたり
かたくなに吊るされている玉葱ら月夜するどくかがやきをもつ
おもおもとまなこみひらく闇のなか背後しずかに崩れていたり

父撲ちてかなしも有刺鉄線のゆうべ蒼白のひかり愛せり

おとうとよ忘るるなかれ天翔ける鳥たちおもき内臓もつを

何と静謐《せいひつ》な歌であろうか。孤独感、喪失感に満ちている。そこには、完璧ともいえる修辞の上に、ナイフのように研ぎ澄まされた感覚があるのだ。私は夢中になって読んだ。そして、次の一首に出会う。

トルストイの一節恋しき夕暮を卵黄かすかなる皺をもつ

謎めいた歌である。トルストイと皺をもった卵黄とどうつながるのであろう。解説を読んでいくうちに理解する。作者伊藤一彦が歌集を刊行した三一歳の頃、大学紛争が終息へと向かっていた。この歌は、滅び行く理想への郷愁なのではないかと思った。その郷愁を胸に作者は静かに大人になろうとしているのではないか。

そして、トルストイ作『光あるうち光の中を歩め』に出会う。『戦争と平和』や『アンナ・カレーニナ』といった長編はすでに読んでいたが、これもそのタイトルに惹かれた。まるで「瞑鳥」と対をなすようなタイトルだからである。本を開くと、ここにも苦悩する青年の姿が描かれている。舞台は、古代ローマ時代のキリキヤ、ユリウスとパンフィリウスの対照的な青年の姿が描かれる。熱心な信者であるパンフィリウス、信仰に惹かれながらも長い放蕩《ほうとう》の末、入信するユリウス。トルストイがある種理想化した原始キリスト教の世界が描かれている。そこには、私有財産の否定という晩年のトルストイの行きついた理想が語られている。

若い時代は、とかく病みやすいもの。私は、むしろ大いに悩み病むといいと思う。その暗闇の中でつかみとった光(理想)こそ真実であり、その後の人生を照らしてくれる。そのことをこの二冊は教えてくれたのである。

●くすのき・せいえい　歌人。高校教師。浄土真宗本願寺派僧侶。一九八三年、神戸市生まれ。二〇〇五年、アララギ派短歌会入会。二〇〇七年、「短歌現代」新人賞受賞。二〇一〇年、合同歌集『月林船団』に参加。二〇一三年、現代短歌社賞受賞。二〇一四年、第一歌集『青昏抄(せいこんしょう)』(現代短歌社)を刊行(同歌集により現代歌人集会賞受賞)。伊藤の『瞑鳥記』と同じく三一歳での第一歌集刊行となった。兵庫県歌人クラブ会員、現代歌人集会員、現代歌人協会員。

『暝鳥記』

反措定《はんそてい》出版局から刊行。三八年後に現代短歌社より復刻。著者は一九四三年、宮崎市生まれの歌人。早稲田大学第一文学部在学中より作歌を始める。六六年、大学卒業後に帰京し高校教師となる。二〇〇三年、宮崎県立看護大学教授（現在は名誉教授）就任。二〇〇五年、若山牧水記念文学館（宮崎県日向市）館長就任。九五年、第六歌集『海号《うみごう》の歌』（雁《がん》書館）で読売文学賞（詩歌俳句賞）受賞。二〇〇七年、第一〇歌集『微笑《びしょう》の空』（角川書店）で迢空《ちょうくう》賞受賞。二〇〇九年、第一一歌集『月の夜声《よごえ》』（本阿弥書店）で斎藤茂吉短歌文学賞受賞。NHK歌壇の選者を長く務め『現代〝うたことば〟入門』（NHK出版／二〇〇六年刊）などの短歌入門書も著す。県立宮崎南高校時代の教え子である俳優の堺雅人との対談集『ぼく、牧水！』（二〇一〇年、角川書店刊）がある。

（伊藤一彦著／現代短歌社／二〇一二年刊）

『光あるうち光の中を歩め』

文庫版で本文一五三ページの短い小説。物語の時代はキリスト生誕から一〇〇年後、舞台となるキリキアは現在のトルコ南部、地中海に面した地方。主人公は宝石商の息子・ユリウスと、その従者で奴隷の息子・パンフィリウス。パンフィリウスは当時《陰謀の一味》とされたキリスト教信者。ユリウスの心は人生の節目節目で揺れ、そのたびに信仰に救いを求めかけるが、名誉やカネや家族といったしがらみを捨てることができず悩むことを繰り返す。作者のレフ・ニコラエビッチ・トルストイ（一八二八～一九一〇年）はロシアの作家。本作の完成は一八八七年。六年後にロシア（当時はまだロマノフ王朝のロシア帝国）で発表されるが、検閲により多くを削除される。その思想は当時のロシア正教会に対し批判的であり、トルストイは一九〇一年に破門された。

（トルストイ著／原久一郎《ひさいちろう》訳／新潮文庫／一九五二年刊）

『全ての装備を知恵に置き換えること』から『ウルトラライトハイキング』へ

芸術が冒険的なのか、冒険が芸術的なのか

楠見 清

本も好きだが、アウトドアも好きで、本を探しに神保町《じんぼうちょう》に行くといつのまにか登山用品店などに入ってしまい、いろいろなものが欲しくなって困る。べつに山に登る予定があるわけではない。でも、高機能のレイン・ウェアを見比べては街中で使うにはどれがいいだろうかと品定めをしたり、ボルダリング用のカラフルなクライミング・ホールドを手に取っては自宅の階段の壁に取り付けてみたら面白いだろうなと想像したり、気がつくと日が暮れている。

登山やアウトドアの用品は、過酷な自然環境のなかで人間の能力を最大限に引き出し、そのいのちを守るためにとてもよくデザインされている。どれも手によく馴染み、見た目も美しい。十代の頃は「ポパイ」、二十代の頃は「ビーパル」といった雑誌で、外

国製のウェアや用品を見てきたぼくは、実際にそれを使用することは少なくても、それらが生まれた背景や文化、そしてそれらを生み出した冒険者たちの置かれた状況や彼らの思想について、強く共鳴してきたといってもいい。

登山用ピッケルや野球用グローブを例に、だれがデザインしたかわからないが美しい製品を「アノニマス・デザイン」と呼んだのは柳宗理《やなぎそうり》だったが、ぼくにはこういった道具は先人の教えや同時代人からのメッセージのように思われた。それらは書き人知らずの書物のようにぼくの好奇心を誘う。

そんなわけで、『全ての装備を知恵に置き換えること』はなによりもそのタイトルに惹かれた。冒険家で写真家の石川直樹の書く文章は以前から愛読していたが、この書名はぼくたちにとって、かつて寺山修司が著わした『書を捨てよ、町へ出よう』に匹敵する、いま・これからを生き抜くために有効なインストラクション（指示書き）のように思われた。七大陸最高峰の山々に登り、極地を歩き、カヌーで大洋を渡り、都市を自転車で駆け抜け、気球で空に昇る。カメラを持って気球に乗り込んだ石川の姿は、一八五八年気球でパリ上空から世界初の空中撮影を行ったフランス人写真家ナダールに重なる。写真とは冒険である。彼らはまだだれも見たことのない光景を求めて世界の隙間に潜り込むヒトの意識であり、眼球なのだ。

芸術が冒険的なのか。あるいは、冒険が芸術的なのか。芸術と冒険の関係について考えていたとき、現代美術家の土屋貴哉《たかよし》の兄が探検家の土屋智哉《ともよし》で、しかも、新しい山歩きの解説書を出版したと聞いて、さっそく手にしてみたのだが、驚いたことにその本もまた軽装を提唱するものだった。

『ウルトラライトハイキング』の帯には「軽いって自由。」とある。ウルトラライトとは従来のヘヴィー・デューティー(重装備)と正反対の考え方で、装備を極力減らしていくことで自然との濃密な関係を深めていく山歩きのスタイル。野宿をすれば重いテントの代わりに毛布一枚で済み、荷物が軽くなれば足への負担が軽減されるので登山靴の代わりに軽いシューズで済む。尾根ではなく水場を伝って歩けば水筒もいらない。超軽量の装備でやさしく歩き、星の下で静かに眠り、できるだけ長く自然と交わるというこの実践的な方法論には目から鱗が落ちる思いがした。野生のけもののような生活はきっと言葉や文字といった人を人としている装備すら脱がしかねない。それは怖いことではあるが、それこそが次の次の先にある最後の本のようにも思える。しかし、恐れることはない。そこには視覚美術の原点や本質ともいえる非言語的な自然の光景が広がっている。

●くすみ・きよし　美術編集者／評論家。首都大学東京准教授。一九六三年生まれ。八六年、学習院大学文学部哲学科卒。美術・デザイン関連の出版物を編集。アート・シーンと音楽、映像、マンガ、ストリート・カルチャーなどを横断するメディア文化論をテーマに執筆を行う。二〇〇一～〇四年「美術手帖」編集長。「KRAZY! The Delirious World of Anime+Comics+Video Games+Art」(二〇〇八～〇九年、カナダとアメリカで開催)ほか美術展の企画を担当。著作に『ロックの美術館』(シンコーミュージック・エンタテイメント／二〇一三年刊行)がある。

『全ての装備を知恵に置き換えること』

著者は一九七七年、東京都生まれ。二〇〇八年、自作熱気球で太平洋単独横断に挑み行方不明となった神田道夫を題材とした著書『最後の冒険家』(現在は集英社文庫に収録)で開高健ノンフィクション賞受賞。楠見さんの文に登場する柳宗理は、椅子「バタフライスツール」で知られるインダストリアルデザイナー。少年期から多くの本を読んできた寺山修司(詩人、歌人、劇作家)が、想像力と体験の重要さを挑発的に書いた『書を捨てよ～』は現在、角川文庫ほかに収録。

(石川直樹著／集英社文庫／二〇〇九年刊)

『ウルトラライトハイキング』

カリフォルニアを縦断する総延長三四〇キロメートルの自然歩道「ジョン・ミューア・トレイル」を二〇〇八年に踏破し、同年、東京都三鷹市にウルトラライトハイキングの店「ハイカーズデポ」を開店したのが本書の著者。一九七一年、埼玉県生まれ。大学時代は探検部。卒業後、アウトドアショップに勤務しウルトラライトハイキングに出合う。楠見さんの文にある神保町(東京都千代田区)は書店街として知られるが、登山用品店、アウトドアショップやスポーツ用品店、楽器店も多い。

(土屋智哉著／山と渓谷社／二〇一一年刊)

夢だけでは解決しないから

工藤 啓

二か月前に双子を授かった。同じＤＮＡをもつ一卵性双生児だ。主治医からそれを聞いたとき、真っ先に頭に浮かんだのが立花兄弟であった。サッカー漫画『キャプテン翼』に登場する秋田県鹿角市出身の双子プレーヤー立花政夫と和夫は、双子ならではのアクロバティックなプレーで私を魅了した。

主人公の大空翼を始め、多彩な登場人物が友情や根性、現実では不可能なスーパープレーを通じて勝利をつかみ取っていく『キャプテン翼』は、強烈なシュートでゴールネットが破れるのは当たり前。そのシュートに触れた人間が何人も吹っ飛ばされたり、ボールがコンクリートの壁にめり込むこともある。

キャラクターが織りなす数々のプレーに実現性がないことは子どもでもわかっていたが、不可能を可能にできないだろうかと試行錯誤と怪我をしながら、毎日遅くまでボールを追いかけた記憶が鮮明に残る。

私は、何年も自室にひきこもっていたり、働きたくても働けない若者を支援している。少なくない若者が、自らを変えるために気合や根性といった精神論を言い渡され、また、「自宅で休んでいれば自然と力が湧いてくる」と科学的根拠に乏しい説明を受け、より深刻な状態に陥っている。若者に寄り添う愛、気持ちは前提でありこそすれ、直接的な問題解決の手段にはなり得ない。

若者が働けず、自室から出られなくなってしまう理由は精神論だけで解決され得ない複雑性を有する。ゆえに、個々を紐解き、可能な限り論理的に説明し、根拠に基づいた実践支援が求められる。それは他者の人生に関わり、小さくない影響を与え得る支援者としての責任である。

非現実的なプレー、勇気や友情はいまもスポーツ漫画の王道である。しかし、『フットボールネーション』は違う。うまくなるため、試合に勝つため、世界で通用するために必要な知識や技術を科学的に解説しながら、説得的に読者を巻き込んでいく。

もも前の大腿四頭筋ではなく、もも裏のハムストリングを使う選手は下半身のインナーマッスル、腸骨筋と大腰筋が鍛えられ、ボディバランスと動き出しがよくなる。グラウンド全体を俯瞰する力を眼球構造から説明し、〝うまさの本質〟とは何かを示唆していく。監督から選手への言葉は科学と論理に裏付けられたものばかりだ。

働きたいけれど働けない若者が目の前にいる。個人では払拭できない不安や解決し得ない問題を抱えている。私に求められていることは、その場限りの優しい言葉ではなく、具体的で説得力のある解決方法の提示と実践的な支援なのだ。

●くどう・けい　社会運動家。金沢工業大学客員教授、東洋大学非常勤講師。一九七七年、東京都生まれ。二〇〇一年、若年就労支援を専門とする任意団体「育て上げネット」設立、二〇〇四年、同団体を特定非営利活動法人化し理事長就任。二〇一三年、二〇〇〇人を超える「働いていない若い奴」の実態を調査研究した『若年無業者白書』(自費出版。現在はKindle版で刊行)を発表。著書に『NPOで働く』(東洋経済新報社/二〇一一年刊)、『大卒だって無職になる』(エンターブレイン/二〇一二年刊)。近著に西田亮介(立命館大学大学院先端総合学術研究科特別招聘准教授)との共著『無業社会——働くことができない若者たちの未来』(朝日新書/二〇一四年刊)がある。

『キャプテン翼』

一九八一年、「週刊少年ジャンプ」(集英社)で始まった連載は人気を呼び、まだJリーグもなかった日本にサッカーブームを巻き起こす。著者の高橋陽一は六〇年、東京都生まれ。都立南葛飾高校卒。八〇年、読み切り作品「キャプテン翼」で週刊少年ジャンプ月例賞に入選しデビュー。同作は一八歳以下の世界大会、主人公・大空翼のFCバルセロナ入団、オリンピックアジア予選から本戦へと続く。小柄だった立花兄弟の必殺技は兄・政夫を発射台に蹴り上げられた弟・和夫の空中高くからのヘディングシュート。だが、大人の体格となった二人の体には過剰な負荷がかかる。オリンピック最終予選オーストラリア戦、どうしても欲しい先取点。立花兄弟は発射態勢に入る。筋断裂の音がする。「これが俺たちの…ファイナルスカイラブハリケーンだ!!」

(高橋陽一著/集英社/一九八二年刊)

『フットボールネーション』

河川敷の草サッカー場に現れた謎の助っ人。アクセル筋＝もも裏のハムストリングを使いこなす一七歳。その才能を見抜いた男・高橋幹保が率いる社会人サッカークラブ「東京クルセイド」は、「脚のきれいな選手求む」と募集広告を出していた。高橋は言う。《日本サッカーを強くするのは、名監督でもモダンな戦術でもファンタジスタたちでもない。てゆーかまだ早い! まずは世界基準のフィジカルとセンスを持った選手を育てることだと、このチームで証明する!》。「ビッグコミックスペリオール」(小学館)で二〇〇九年より連載中。著者は一九九〇年、「小説ウィングス」(新書館)掲載「サッカーボーイ」で漫画家デビュー(柴田文明名義)。なお本作では「フットボールネーション」に《サッカー先進国》とふりがながふられている。

(大武ユキ著/小学館/二〇一〇年刊)

一度〝素通り〟した本が甦るのは

後藤正治

何事にも出会いがあるが、本もそうなのだろう。詩集というものに出会ったのは学生時代、アルバイト先の喫茶店である。同じバイト員に、「現代詩手帖」という不思議な——そう見えた——雑誌を手にしている物静かな学生がいた。折々、話をするようになり、やがて仲良くなった。私が現代詩に親しむようになったのは彼の影響で、そのことにいまも感謝している。

学生時代は一九六〇年代後半から七〇年代はじめ、大学闘争の時代である。ただの一般学生であったが、デモにも参加し、お巡りさんのご厄介になった日もある。短い高揚期が過ぎると、ブルーな日々が到来して、そこから抜け出すことができずにもがいたが、それが青春の季節というものなのだろう。

現代詩を好むようになったのは、そんな時代とのかかわりもあろう。鮎川信夫、石原吉郎、吉本隆明……といった詩人たちに親しんだ。とりわけ鮎川信夫の詩集は、〝この一冊〟に上げることに躊躇しない著であり続けてきた。この詩人に宿る、多分に戦争体験に――あるいは生来の原質に――由来する喪失感に感応するものが自身の内部に重なってあったのだろう。

詩集は発行部数の少ないジャンルであって、本の定価は高い。比較的入手しやすかったのは思潮社の現代詩文庫で、何冊か、いまも本棚の隅に残っている。茨木《いばらぎ》のり子詩集もその一冊で、奥付をみると「発行／一九七〇年／第三刷／定価三百二十円」とあるから学生時代に購入したものであるのは間違いない。

ところで、遠い記憶をまさぐるに、茨木詩集への記憶は淡くて薄い。茨木の詩は身近な生活空間から素材を得ているものが多い。若き日の私は、難解詩をもって貴しと思い込んでいたところがあって、印象度は薄かった。茨木の詩を味わう力がなかったのである。

――歳月が過ぎた。茨木生前最後の詩集『倚《よ》りかからず』が刊行されたのは一九九九年、七十三歳の日である。詩壇でも事件といわれるほどに詩集は版を重ねた。私も中年坂を下っていたが、本書によって、茨木の本当の読者となった。以降、表紙が変色していた古い詩集を幾度も読み返すこととなった。

読者にとって、本が歳月のなかで意味合いを変えていくというのは本当だ。茨木の紡ぐ言葉がわがことのように感じられ、共振するものがある。この詩人の人生の足跡をたどってみたいという思いがつのり、評伝『清冽　詩人茨木のり子の肖像』を書いたりもした。

若き日〝素通り〟していたことを思えば思わぬ成り行きであったが、鮎川から茨木へと通じる、か細い〈回路〉は枯れずに流れていたのだろう。古い詩集を甦らせてくれたのは、この間、私の中を潜り抜けていった歳月であった。

●ごとう・まさはる　ノンフィクション作家。一九四六年、京都市生まれ。九〇年、若きボクサーたちを題材とした『遠いリング』(現在は岩波現代文庫に収録)で講談社ノンフィクション賞受賞。九五年、定時制高校ボクシング部の指導者を描いた『リターンマッチ』(現在は文春文庫に収録)で大宅壮一ノンフィクション賞受賞。神戸の画家・石井一男と、彼を支えた画廊経営者・島田誠(海文堂書店元社長)ら神戸の人たちを描いた作品『奇蹟の画家』(講談社文庫)ほか多くのノンフィクション作品がある。二〇〇九年よりブレーンセンターから『後藤正治ノンフィクション集』(全一〇巻)を刊行中。近著に読書エッセイ集『言葉を旅する』(潮出版社／二〇一五年刊)。

『鮎川信夫詩集』

《これ以上、自己について語れといわれても、いまの私は、語るべき何ものも持合わせていない。戦後のこととなると、思うだけでもおっくうである》。一九六七年にそう書いた詩人・鮎川信夫は一九二〇(大正九年)、東京生まれ。早稲田大学英文科に入学し、三九年に詩人の森川義信らと詩誌「荒地」を創刊。森川がビルマで戦病死した四二年、鮎川は大学を落第し、陸軍近衛歩兵四連隊に入り、スマトラ島に出征するが、戦地で病に罹《かか》り日本に戻る。四五年、福井の傷病軍人療養所で『戦中手記』(六五年刊)を書く。四七年、田村隆一らと詩誌「荒地」(第二次)を創刊。五一年、アンソロジー『荒地詩集』刊行開始。六五年、『鮎川信夫全詩集』を刊行。八六年没。

(鮎川信夫著/思潮社/一九六八年刊)

『茨木のり子詩集』

詩人・茨木のり子は一九二六(大正一五)年、大阪生まれ。四三年、帝国女子医学薬学専門学校(現在の東邦大学薬学部)に入学。二十歳で終戦を迎える。四九年に結婚、その頃より詩を書き始める。五三年、川崎洋(詩人)と「櫂《かい》」を創刊。同誌には現在も詩人として活躍する谷川俊太郎や大岡信《まこと》も参加していた。五五年、詩集『対話』を刊行。その青春期が戦時下にあったことを書いた「わたしが一番きれいだったとき」をはじめとする多くの代表作がある。二〇〇六年没。後藤さんが「あとがき」に《戦中も戦後もいまや遠くなった。それはこの詩人の残した仕事が遠くなったことを意味しない》と書く『清冽 詩人茨木のり子の肖像』は現在、中公文庫に収録。

(茨木のり子著/思潮社/一九六九年刊)

『中国朝鮮族を生きる』から『立ったまま埋めてくれ』へ

かつて読んだ本が今を考えるヒントになる

最相葉月

難民を乗せた船の転覆事故が報じられるたび、シム・ソンボ監督「海にかかる霧」の映像がよみがえる。中国から韓国へ向かう密航船で実際に起きた大量死亡事故を題材にした凄惨な物語で、犠牲になった中国人の多くは少数民族の一つ、朝鮮族だった。

私が朝鮮族を知ったのは一六年前、具恩恵《グ・ウネ》との出会いがきっかけだ。朝鮮族の多くは満洲開拓のため朝鮮半島から中国東北部に移住させられた人々で、恩恵の祖父もその一人。生まれ故郷が中朝国境の鴨緑江《アムノッカン》に建設されたダムに沈み、わずかな立ち退き料で極寒のハルビンへ移住を余儀なくされた。私は彼らを取材したいと思い、資料集めを開始した。その時、新聞広告で見つけたのが、戸田郁子著『中国朝鮮族を生きる旧満洲の記憶』だった。この本には日本兵としてシベリアに抑留された人や抗日運動の闘士、文化大革命の時に下放《かほう》された日本語教師などが登場する。読むうちに、日本撤退後の中国に留まって過酷な戦後を生きた彼らが、経済成長著しい同朋の国である韓国を目指すのは当然のことだったと知った。

ところが、孫世代である恩恵やその従妹の話を聞いてみると、彼らは民族の歴史をよく知らないし、関心もない。近年は中国の経済発展や韓国の移民政策の転換を背景に、自らの意志で中国沿岸部や韓国に移住して豊かに暮らす朝鮮族もいるという。中韓日の言葉を流暢に話し、国境を自在に行き来して働く恩恵もそうだが、民族の枠に留まらずに越境することは今や彼らのアイデンティティになっているのだ。

私は「自分たちは世界の外にいる」という言葉を思い出した。ロマの生活に密着取材した『立ったまま埋めてくれ　ジプシーの旅と暮らし』の一節だ。一〇年近く前になろうか。個と国境にまつわる随筆を集めた梨木香歩の『ぐるりのこと』(新潮文庫)で紹介されていて、その挑戦的な書名に惹かれて読んだ本だ。とりわけ関心をもったのは、ロマは彼らがホロコーストの犠牲者だった歴史をほとんど知らず、それどころか記憶を正確にたどって出来事を再構成することをせず、感じたまま初めてのことのように語る人々であるということだ。ロマはよく嘘をつくといわれるが、なるほど、それが同化政策を逃れて生き抜くための手段だったからなのだと腑に落ちた。

トランスナショナルな生き方は自由で身軽そうに思える。だが彼らがそれをアイデンティティと思えるようになるには、「いつでも、もう一度最初からやり直さなければならなかった」人々の歴史があったことを忘れてはならないだろう。そして今また、もう一度最初からやり直すことを強いられている人々がいる。私は彼らにどう向き合えばいいのだろう。有刺鉄線の柵を乗り越えるシリア難民を横目に、目下、ベン・シェファードの『遠すぎた家路　戦後ヨーロッパの難民たち』（河出書房新社）を読書中だ。戦後、ドイツやイタリアに残留した数百万の難民を抱えた欧州は行き場のない彼らにどう対応したか。現代へのヒントを探して。

●さいしょう・はづき　ノンフィクションライター。一九六三年、兵庫県出身。関西学院大学法学部法律学科卒。会社勤務を経て独立。九七年、『絶対音感』（現在は新潮文庫収録）で小学館ノンフィクション大賞受賞。二〇〇七年、『星新一　一〇〇一話をつくった人』（現在は新潮文庫収録）で講談社ノンフィクション賞、大佛次郎賞、日本SF大賞を受賞。同作は翌二〇〇八年に日本推理作家協会賞（評論その他の部門）、星雲賞（ノンフィクション部門）も受賞。文中に登場する具恩恵との出会いがきっかけとなって書かれたノンフィクション作品は『ナグネ　中国朝鮮族の友と日本』（岩波新書／二〇一五年刊）。近著に、講師を務める東京工業大学での講座を書籍化した『東工大講義　生涯を賭けるテーマをいかに選ぶか』（ポプラ社／二〇一五年刊）がある。

『中国朝鮮族を生きる』

著者は一九五九年生まれ。八三年に韓国・延世大学に留学。八五年より高麗大学史学科で韓国近代史を学び、のち中国黒龍江省のハルビンに語学留学。延辺朝鮮族自治州(旧満州国時代は間島省。現在は吉林省の東端。東はロシア、南は北朝鮮と国境を接する)ほか中国東北地方の朝鮮族を取材し、その歴史を描く本書を著した。清朝時代に朝鮮半島から多くの人が移住した延辺一帯は、今、複数の民族が暮らす場所となっている。日露戦争から第二次世界大戦まで戦場となり続けたその地には、戦後に帰国することがなかった高齢の日本人たちも暮らしている。なお、最相さんの文に登場する「下放」は、都市部の知識人を農村に移り住ませ、労働(多くは懲罰的なもの)に従事させた中国共産党の政策。

(戸田郁子著/岩波新書/二〇一一年刊)

『立ったまま埋めてくれ』

著者はロンドン在住のユダヤ系アメリカ人ジャーナリスト。共産主義体制が崩壊したあとの東欧で、一二〇〇万人のロマ(ジプシー)に何が起きているかを丹念な現地取材によって書いたルポルタージュ。一九九五年の原書刊行以来、世界で長く読まれ続けるロングセラー(日本でも三刷)。書名は、ロマの詩人が著者との別れの際に叫んだことば《せめて立ったままで俺を埋めてくれ》から採られている(本書の最終盤で、このことばに続く壮絶な一文が現れる)。最相さんの文に登場する「トランスナショナル」(transnational)は、「国という枠組みを超えた」という意味。「同化政策」とは、支配される他の民族に対し、支配する側の国が自国の慣習や文化や思想などを押しつけ、同化させようとする政策のこと。

(イザベル・フォンセーカ著/くぼたのぞみ訳/青土社/一九九八年刊)

『シカゴ育ち』から『アフター・アメリカ』へ

アマゾンの「おすすめ」で知ったのだけれどそれはもう、私のテーマになっていた

坂口 緑

一八歳のとき交換留学でデンマークに住んだ。初めての海外生活に浮かれて出かけたものの、実際にはみじめな体験も少なくなかった。例えば近所の図書館に行った時のこと。キルケゴールを学びたいと留学を志した早熟な私が、図書館で読みたい本を一冊も見つけられなかった。字が読めなかったからだ。絵本を借りる気にもなれず、仕方なく英訳されたヘッセやトルストイを手に取った。それは最悪な読書だった。英語のイディオムがよくわからない上に、辞書を引きせっかく理解しても、新潮文庫のようにはわくわくしない。アメリカ人の友達にも「そんなの読むんだ」と馬鹿にされ、古色蒼然とした旧世界が舞台の『デミアン』も『少年時代』も一瞬で大嫌いになってしまった。

帰国して四年目の高校生活を送っていた頃、夏期講習の帰りに池袋のリブロによく

行った。村上春樹を読んだ。翻訳されたブローディガン、アップダイク、フィッツジェラルドを読んだ。やがてアメリカ現代小説ブームがやって来た。柴田元幸が登場した。おそるおそるオースターの原書にも手を出した。リブロに行けば、いつでも流行の翻訳本とその原作が並んでいた。

ダイベックの『シカゴ育ち』にもそのようにして出会ったと記憶している。移民してきた祖父母世代とその孫世代が、シカゴの下町で交差する連作の短編小説集だ。この一冊が、今、振り返ると、私のなかで偏見にまみれた「英語」「読書」「ヨーロッパ」という概念に一本の筋を通してくれたように思う。一本の筋、それは「アメリカ」だった。高架鉄道の操車場脇にあるアパートの、ポルカ専門局に合わせた古いラジオから雑音混じりにウクライナ語が聞こえてくるような台所で、祖母が入れてくれたインスタントコーヒーに缶詰の練乳が渦巻くのを眺める。そんな場面に、アメリカがもつ迷宮のような歴史と奥行きを教えられた。それ以来、アメリカは常に読書のテーマになる。

アメリカの奥行きをさらに思い知るのが、『アフター・アメリカ』だった。ボストンで上流階級を形成する家族（ボストン・ブラーミン）と、中下流階級を形成する家族（ボストン・アイリッシュ）を標本に、アメリカの白人社会を論じた一冊である。ベラーらの『心の習慣』を読み、こんなメインストリームの社会についての研究がしたいと願っていた頃に、アマゾンの「おすすめ」で知った。ノブリス・オブリージュ、じゃがいもと肉の献立、家族信託をめぐる葛藤、そしてカトリック信仰、ミートボール入りスパゲッティ、階級上昇への渇望。それは知りたくても私などでは到底知り得ない、遠く深いアメリカだった。私は著者に嫉妬した。

高校生のとき、自分にではなく社会にもっと目を向けていたら、と思う。そうすれば私はアメリカに行きたいと願っていただろうし、アメリカの迷宮に分け入ろうと志していたことだろう。けれどもデンマークを選んだ私は、その後、社会思想史を専攻し、現在もヨーロッパ市民社会の勉強を続けている。アメリカは今なお、遠い憧れのままである。

●さかぐち・みどり　社会学者(専攻は市民社会論)。一九六八年、東京都生まれ。九二年、上智大学文学部卒。二〇〇〇年、東京大学大学院総合文化研究科博士課程満期退学。現在、明治学院大学社会学部教授。共著に『テキスト生涯学習』(学文社/二〇一五年に新訂版刊行)ほか。共訳に『タイム・バインド——働く母親のワークライフバランス』(アーリー・ラッセル・ホックシールド著/明石書店/二〇一二年刊)ほか。放浪と酒びたりのヤバい作家チャールズ・ブコウスキーの『ポスト・オフィス』(幻冬舎アウトロー文庫/九九年刊)ほか、現代アメリカ文学の翻訳家でもある。

『シカゴ育ち』

一九八一～九〇年に発表された短編集。舞台はミシガン湖畔の都市・シカゴ。冒頭に置かれた手描きの地図がちょっとかわいい。のちに作家、詩人となるダイベックは四二年、ポーランド系移民労働者の子としてこの街で生まれた（ちなみに、坂口さんの文中に登場する「ポルカ」は、ポーランドの隣国チェコで生まれた四分の二拍子の軽やかなダンス音楽のこと）。本作に収録された「荒廃地域」「熱い氷」「ペット・ミルク」で、短編小説の賞O・ヘンリー賞を受賞。ウエスタン・ミシガン大学教授。ダイベックら現代アメリカ文学作家の作品（その多くが柴田元幸訳）を丁寧に売ってきたのがリブロ池袋本店だった（二〇一五年七月に閉店）。

（スチュアート・ダイベック著／柴田元幸訳／白水社／二〇〇三年刊）

『アフター・アメリカ』

坂口さんの文中に登場する『心の習慣』は、一九八五年にアメリカの社会学者ロバート・N・ベラーらが書いたアメリカ文化の研究書。邦訳（みすず書房／九一年刊）には「アメリカ個人主義のゆくえ」の副題が付いている。この本を参考文献として挙げる『アフター・アメリカ』（副題「ボストニアンの軌跡と〈文化の政治学〉」）は、六七年生まれの日本の文化人類学者（慶應義塾大学環境情報学部教授）が、三年近くをかけた現地調査を行って書いた研究書。日本人がひとくくりにしがちな「アメリカの白人文化」が実に多様で、その中には複雑な対立もあることが解き明かされる。二〇〇四年、サントリー学芸賞受賞。

（渡辺靖著／慶應義塾大学出版会／二〇〇四年刊）

『旅をする木』から『アルケミスト』へ

その生き方への憧れがあの小説に出会わせたのだろう

佐野淳也

あれは確か、東京で大学院に通っていたころの夏だった。

僕は、山手線の車内で、一冊の本に読みふけっていた。車内は相変わらずごった返し、そこに昼間の明るい光が差し込んでいる。そんな中、その本にあるこんな一節がこころに突き刺さった。

《大都会の東京で電車に揺られている時、雑踏の中で人込みにもまれている時、ふっと北海道のヒグマが頭をかすめるのである。ぼくが東京で暮らしている同じ瞬間に、同じ日本でヒグマが日々を生き、呼吸をしている……(中略)そのことがどうにも不思議でならなかった》

《それはおそらく、すべてのものに平等に同じ時間が流れている不思議さだったのだろう》

この文章を読んだとき、軽く目眩《めまい》がした気がした。目を上げると、そこには変わらぬ車内の風景が広がっていた。この文章を書いたのは、アラスカの大自然の中で暮らした、写真家の星野道夫。この文章は、彼のエッセー集である『旅をする木』の中の一節である。

僕は、この本を通して、アラスカの大自然を旅した。読書とは、その筆者の体験をともに学ぶことだ。星野のやったことは、単に自然の美しさを描写しただけではない。そこにある風のにおいや、木々を流れる水や、そこに佇《たたず》む人びとのことばや、歌や、願い、そして星空までも、透明なことばと写真で、まだ二十代だった若い僕に伝えてくれたのだ。それは、彼が大自然に向き合う中でつかみとってきた、ひとつの哲学だった。

それからしばらくして、僕は『アルケミスト』という小説を手にすることになった。パウロ・コエーリョという、ブラジルの作家によるものだ。東京は西荻窪にある、ほびっと村という不思議なカウンターカルチャーのスペースを訪れたとき、そこにある本屋でたまたま見つけたのだ。

この小説は、本当に不思議な小説だった。詳しくは、実物を手に取って読んでほしいのだが、宝物を探して砂漠を旅する少年の物語である。

この小説には、しきりに「マクトゥーブ」という言葉が出てくる。アラビア語で、「それは書かれている」という意味だ。こころの底から何かを望めば、全宇宙がその実現を助けてくれる。そのためには、日常の些細な〝前兆〟に耳を澄まし直観に従って生きていかないといけない。直観は、すでに「書かれている」未来からの贈り物なのだ。

星野道夫という人生は、生涯夢を追い、夢とともに生きた人生だった。その根源的な生き方への憧れが、僕を『アルケミスト』という小説に出会わせたのだろう。パウロ・コエーリョもまた、世界中を旅し巡礼する中から物語を産みだした人である。

星野道夫はまた、こんな言葉も伝えてくれている。

《人は生きているかぎり、夢に向かって進んでいく。夢は完成することはない。しかし、たとえこころざし半ばにして倒れても、もしそのときまで全力をつくして走りきったならば、その人の一生は完結しうるのではないだろうか》(『アラスカ 光と風』福音館書店／一九九五年刊)

星野は、カムチャツカの原野で野営中、ヒグマの襲撃を受けて亡くなった。それも、彼の人生に書かれていたできごとだったのだろうか。しかし亡くなった後も、彼の写真とことばは、多くの人のこころに夢を与え続けている。

ただ、長く生きることがたいせつなのではない。

よく生きることが、たいせつなのだ。

●さの・じゅんや　一般社団法人しこくソーシャルデザインラボ代表理事。一九七一年徳島市生まれ。二〇〇〇年、一橋大学大学院社会学研究科修了(社会学修士)。徳島県上勝町でのまちづくり会社スタッフ、東京学芸大学環境学習研究員、立教大学大学院21世紀社会デザイン研究科特任准教授、徳島大学地域創生センター助教など経て現職。近著(共著)に宇田川妙子編『多元的共生を求めて』(東信堂／二〇〇九年刊)。

『旅をする木』

この書名は、著者が愛読したアラスカ動物学の本"Animals of the North"内、種から大木となり薪となるまでのトウヒ(唐檜)の一生を描いた第一章の題から。著者は一九五二年、千葉県生まれの写真家、エッセイスト。六九年(一六歳)、一人でアメリカを二カ月間旅する。古本屋で手にした写真集に惹かれ、七三年(二〇歳)、アラスカに渡る。七八年、アラスカ大学野生動物管理学部に留学。八六年、アニマ賞(平凡社の同名科学雑誌の写真賞)受賞。九〇年、「写真界の芥川賞」木村伊兵衛賞受賞。九六年、カムチャッカに死す。

(星野道夫著／文春文庫／一九九九年刊)

『アルケミスト』

旅する少年は砂漠で少女に出会いプロポーズする。返事はイエスだったけれども、少女はこう続けた。《だからこそ、あなたにゴールに向かって進んでいただきたいの》《「マクトゥーブ」と彼女は言った。「もし私が本当にあなたの夢の一部なら、あなたはある日私のところへ戻ってくるでしょう」》。一九九四年、地湧社より初邦訳。著者は四七年、ブラジル生まれ。大学中退後、三年間世界を放浪。作詞家を経て八七年に作家デビュー。八八年刊行の本書が世界的ベストセラーとなる。

(パウロ・コエーリョ著／山川紘矢、山川亜希子訳／角川文庫／一九九七年刊)

その二行が格好いいと思った

柴田元幸

子供のころからずっと、大学三年生になって英文科に進学するまで、本というものをほとんど読まなかったが、大学一、二年で例外的にまとめて読んだ作家が北杜夫《きたもりお》である。同級生が面白いというので、一連のどくとるマンボウ・エッセイから始めて、『楡家《にれけ》の人びと』のような本格的作品、『幽霊』『牧神《ぼくしん》の午後』などの初期作、ユーモア小説『怪盗ジバコ』等々、ひととおり読んだ。一番好きだったのは、最初に読んだ本でもある『どくとるマンボウ青春記』。ユーモアと感傷が60／40の割合で混じっているのは僕にとって最高のブレンドだが、この好みは、小学生の時期に赤塚不二夫の『おそ松くん』で基礎が築かれ、大学に上がってから北杜夫によって完成した。

で、『青春記』を出発点にあれこれ読んだわけだが、『マンボウおもちゃ箱』というエッセイ集で、北杜夫はこう書いている。

そこで、その本はやめにして、『わが名はアラム』というペーパー・バックを取りあげた。

このサローヤンの短編集は、むかし訳本で読んだことがあるが、その一つの特色として、会話にカッコがないことである。

ムーラッド、と、私は言った。この馬はどこで盗んだのだい？

窓からとび降りろ、と彼は言った。乗りたいのならな。

そんなふうに訳本はなっていた。当時、私はそれが妙に気に入って、自分の短編の一つ二つに真似てみたことがある。といって原文がどうなっているのかは知らなかった。

粗末なペーパー・バックを開いてみると、やはりその通りであった。

Mourad, I said, where did you steal this horse?

Leap out of the window, he said, if you want to ride.

私はほんのしばし、どことなく満足したような気になって、残りのジュースを飲んだ。

『マンボウおもちゃ箱』はいわゆる雑文集で、気合いの入り方は『青春記』などに較べると落ちるが、この一節だけは妙に印象に残った。その理由を考えてみると——

(1)待ち合わせの時間つぶしにペーパーバックをぱらぱら読む、という北杜夫の行為が格好いいと思った(こっちはまだ洋書なんか一冊も通読したことのない大学一年生である)

(2)サローヤンの小説の会話にカッコがない、というのも格好いいと思った

(3)翻訳の原文と訳文が併記してある実例を見たのも初めてで、面白いなあと思った

(4)二行の会話のなかに、面白そうな物語が詰まっている気がした

それから一～二年のうちに、僕も粗末なペーパーバック版の*My Name Is Aram*を買って読んだ(だから実は、三浦朱門訳は読んだことがない)。どの短篇も好きだが、右の会話が出てくる"The Summer of the Beautiful White Horse"はとりわけ好きだ。先日、イベント朗読用に訳してみて——最初に読んでからもう40年くらい経っている!——やっぱり好きだなあと思った。

●しばた・もとゆき　アメリカ文学研究者、翻訳家、文芸誌「MONKEY」（スイッチ・パブリッシング刊）責任編集者。一九五四年、東京都生まれ。七九年、東京大学文学部卒。八四年、東京大学大学院人文社会研究科博士課程単位取得退学。ポール・オースター、スチュアート・ダイベック、スティーヴ・エリクソン、スティーヴン・ミルハウザーなど、現代英米文学の翻訳を数多く手がける。二〇〇五年、アメリカ文学研究書『アメリカン・ナルシス』（東京大学出版会刊）でサントリー学芸賞（芸術・文学部門）受賞。二〇一〇年、ピンチョン『メイスン&ディクスン』（上下巻、新潮社刊）で日本翻訳文化賞受賞。

『どくとるマンボウ青春記』

著者の旧制松本高校（現・信州大学）での青春記。一九六八年刊。『マンボウおもちゃ箱』は六七年刊。著者は二七（昭和二）年、東京生まれ。歌人・斎藤茂吉の次男。東北大学医学部を卒業し、精神科医に。六〇年、船医時代の体験を書いた『どくとるマンボウ航海記』（自らマンボウを名乗る由来が書かれている）がベストセラーに。同年、ナチスドイツ時代の精神科医を描いた『夜と霧の隅で』にて芥川賞受賞。二〇一一年没。ここに挙げた作品は現在いずれも新潮社からKindle版が刊行されている。

（北杜夫著／新潮文庫／二〇〇〇年刊）

『我が名はアラム』

著者は一九〇八年、カリフォルニア生まれ。アルメニア系移民の子。長編『人間喜劇』（小島信夫訳／晶文社／九七年刊。表記は〝サロイヤン〟）ほかの作品がある。《「ムーラッド、その馬をどこで盗んだんだ」「乗りたけりゃ、窓から飛びおりろ」》と訳す三浦は二六年生まれの小説家。本書刊行元の福武書店（現・ベネッセコーポレーション）は九〇年代に文芸出版から撤退、最後の福武文庫は九五年刊『黒い時計の旅』（スティーヴ・エリクソン著／柴田元幸訳）。

（ウイリアム・サローヤン著／三浦朱門訳／福武文庫／一九八七年刊）

『アンネの日記』から『第八森の子どもたち』へ

匿うという導火線にふれて

清水眞砂子

一冊の本は一冊分の追体験を読む側にさせるだけで終わることもあるが、時には無数の地雷を読み手の土に埋め込んで、そっと退場したりもする。埋め込まれた地雷は何かの拍子に踏まれて爆発、火は引火して次々と爆発を引き起こす。この爆発の連鎖は一、二年で終わることもあれば、年を追って新しく埋め込まれた地雷にも引火して、四〇年、五〇年と続くこともある。

中学時代に出会った『アンネの日記』は一回読んで、それきりになった本だった。あの場面、この場面は六〇年以上たった今もあざやかによみがえってくる。十代前半の私はアンネのみずみずしい感じ方に共感を覚えたのだと思う。

それから十数年がたって、M・ヴォイチェホフスカの『ひとすじの光』(一九七〇年ポプラ社刊、現在偕成社文庫)を翻訳する機会を与えられた私は、文中にほんの一言記されていたスペイン市民戦争が気になりだし、ほどなく『壁に隠れて』というドキュメンタリーに出会うことになった。フランコ独裁政権のもと、人民戦線派の村長が村人たちに匿《かくま》われてどのように三〇年を生きのびたかを記した記録である。この本には私の中に「匿う」とは何か。匿う側の何がためされるかという大きな問いを埋め込んだ。

それからまた一七年がたった一九八七年の夏、私は『思い出のアンネ・フランク』と出会った。アンネの父親の会社で事務員として働き、アンネたちを二年と一週間、あの本棚の裏に匿い続けた女性、ミープ・ヒースからの聞き書きをまとめたものである。隠れ家にいた時のアンネとほぼ同じ年齢でアンネに出会った私は、当時アンネと同じで、匿われる状況しか想像できなかったが、『壁に隠れて』を本の中であれ生きて知ってしまった私は、もう、匿う側の当事者となるしかなかった。時には己の、あるいは家族の死までを含めて、どれほどの覚悟を要するものか。そこにはセンチメンタルな同情の入る隙間など全くないのだった。

この本に出会ってさらに一三年後、六〇歳間近になっていた私の中の導火線は『第八森の子どもたち』にふれて、また私のからだを熱くした。ここに登場するお百姓のヤンナおばさんもまた大戦下、餓えた人々を受け容れ、あるいは匿って、自身の家族だけでも大変なのに、いや、自分はただ求められていること、人としてしなければならないことをしているだけと考えている。

では、私たちの暮らす日本に「匿う」ことをした人々は？　日本にだっていてくれた。六七年にはベトナムの戦場に向かう米海軍の航空母艦から脱走した四人の兵士を首都圏の市民たちは匿ってスウェーデンに送り出したし、先の戦争中、苛酷な現場から脱走した朝鮮人労働者をひとりの老女が舟小屋に匿った話を私は現地下北の人から直に聞いている。人は捨てたもんじゃないと、いつも思う。

●しみず・まさこ　児童文学者、翻訳家。一九四一年、当時日本の植民地だった北朝鮮に生まれる。六四年、静岡大学教育学部卒。高校教諭を経て、七六年より青山学院女子短期大学児童教育学科専任教員。現在、同大名誉教授。七四年、評論「石井桃子論」で日本児童文学者協会新人賞受賞。八一年、マヤ・ヴォイチェホフスカ『夜が明けるまで』（岩波少年文庫）の訳業により産経児童出版文化賞受賞。七六年の初邦訳『影との戦い』に始まり、二〇〇三年の『アースシーの風』に至る二七年間の大訳業となった『ゲド戦記』（アーシュラ・K・ル＝グウィン著／岩波書店）で、二〇〇四年に日本翻訳文化賞受賞。主な著書に、作家論集児童書論評『子どもの本のまなざし』（九五年に洋泉社より新装版刊行。九三年に日本児童文学者協会賞を受賞）など。近著に『大人になるっておもしろい？』（岩波ジュニア新書／二〇一五年刊）がある。

『アンネの日記（増補新訂版）』

生きていれば八六歳のおばあちゃん。アンネは一九二九年、フランクフルト生まれ。ナチスが政権を掌握した三三年にオランダのアムステルダムに移住。四二年から二年間の隠れ家生活の間にこの日記を書いた。アンネは四四年に連行され、翌年収容所で病死したとされている。原書は四七年、オランダで刊行。当初は、母親への批判や性的描写などを削除した短縮版であり、作家志望だったアンネ自身が生前に推敲した別版も存在したが、現在はそれらを整理統合した増補新訂版が刊行されている。『思い出のアンネ・フランク』（深町眞理子訳。現在は文春文庫に収録）のミープ・ヒースは〇九年生まれ。アンネ一家連行後、隠れ家に散逸していたアンネの日記を回収、戦後に刊行されるまで保存した人でもある。

（アンネ・フランク著／深町眞理子訳／文春文庫／二〇〇三年刊）

『第八森の子どもたち』

舞台は第二次世界大戦末期のオランダ。主人公の少女ノーチェが名付けた「第八森」には隠れて暮らす人がいる。隠れ家へ《たよりになる子だよ》とノーチェを連れて行ったヤナおばさんは言う。《このことは、だれにも話さないでおくれ》。著者は一九三四年、オランダ生まれの児童文学者。原書は七七年刊。なお、清水さんの文にある『ひとすじの光』と『壁に隠れて』（ロナルド・フレーザー著／長谷川四郎訳／平凡社／二〇〇一年刊）の背景となるスペイン市民戦争（一九三六〜三九年）は、人民戦線政府（共和国派）とフランコ将軍派（ナチスドイツやイタリアが支援）との内戦。日本であったことの話は『となりに脱走兵がいた時代』（関谷滋、坂元良江編／思想の科学社／九八年刊）に詳しく書かれている。

（エルス・ペルフロム著／ペーター・ファン・ストラーテン画／野坂悦子訳／福音館書店／二〇〇七年刊）

チェスが想い起こされて

柘植伊佐夫

わたくしは読書を生業にしている人間ではありませんが、映像や舞台を作り上げている立場上、脚本に目を通し、時にはその原作に遡る必要は多々あって、必然、自分のバッグの中には、紙媒体・デジタル媒体問わず、いわゆる文学的な品物を携えている毎日です。仕事で文学と接しているにもかかわらず、私生活では文学への怠慢を申し訳なく感じてもおり、読書家と呼ばれる方々をただそれだけで尊敬し、その特有の空気感に自分の無知を臆して無言の衣を纏《まと》うなどという瞬間もしばしばです。

二〇一二年でありましたか、NHK大河ドラマ「平清盛」の撮影に没頭していた頃、時代考証や儀式儀礼、言語や音曲、有職故実などに基づき、或いはその縛りから脱却すべくタイムトラベルな日々を過ごしておりました。十二単や烏帽子が常識な世界におりますと、口語的概念が遠のいて行く不思議も心地よく、またいささか不安に陥りもします。実生活は現代にありながら脳内は文語的なるものに支配されているので少々落ち着かなくなる。そこで beatnik な、あるいは beatnik 的な文学を欲したように思います。

ブローティガンの『エドナ・ウェブスターへの贈り物』が、この筆者において抜きん出た輝きを放つものか定かではありませんが、わたくしにとって「現代に生きる人間」に回帰する装置になったのは確かです。特に本作の分解された言葉の断片は、その意味を越えて新しい息吹を以《も》って再び組み立てられている。そのような気分は、平安時代に埋没しながらその既視感のある記憶を分解し、現代に通ずる詩的世界に再構築する上で心強い指標になるものでした。彼の言語空間にある言葉とその隙間が、自分の暮らす密度より粗に感じられ、その行間に身を置く心地よさを覚えたのです。

空間と言葉。その関係はまるでチェス盤とそこに配置される駒たちのように感じられました。『エドナ〜』を読み進める最中、自分の魂の空間を占めていたのは立体的に踊るチェスの駒だったように思います。九六年と九七年、IBMのスーパーコンピューターDeep Blueと、世界チャンピオン、ガルリ・カスパロフが対戦し、通算四勝三敗五分け、人が人工知能に敗けたことがニュースになりましたが、ブローティガンを読みながら、以前この対戦棋譜を記した本を読んだことが思い返されました。本作のようにとても人間臭い作品（そもそも文学ほど人間臭いものなどあろうはずはないわけですが）を読みながら、そこに詩的に散りばめられる言葉たちを視覚的・聴覚的にとらえた時、チェスが想起されたことを興味深く感じました。

現代美術を語る上で欠くことのできない巨人。マルセル・デュシャンこそその人と思う自分にとって、「彼は晩年、作品作りも放棄してチェスばかり打っていた」という逸話を思い出したのはそのような流れです。文学という聴覚世界を入り口にしながら、映像という視覚世界を出口に表現するわたくしは、どうやらブローティガンの詩的音楽を脳内に取り込むことによって、チェス空間を夢想し、デュシャンの概念世界に放り込まれたかのようでした。シャルボニエによる、『デュシャンとの対話』は、自分にとってめずらしく、自らの意志によって探し出し手にとった作品で、それは平安時代を旅している現代人に目覚めを与えるためにブローティガンがそっと囁いてくれた一冊に違いありません。

●つげ・いさお　人物デザイナー。一九六〇年、東京都生まれ。七九年、カットスタジオソヤ入社。八二年、モッズヘアへ移籍。九〇年、日本へアデザイナー大賞受賞。二〇一〇年、NHK大河ドラマ「龍馬伝」で大河初の人物デザイン監修（キャラクターデザインと扮装部を統括する役職）を担当。二〇一二年の大河「平清盛」でも同監修を担当。同年、毎日ファッション大賞鯨岡阿美子賞受賞（人物デザインの開拓に対して）。二〇一五年、樋口真嗣監督の映画「進撃の巨人」で扮装統括を担当。著作に『龍馬デザイン。』（幻冬舎／二〇一〇年刊）ほか。

『エドナ・ウェブスターへの贈り物』

ブローティガンは一九三五年生まれの小説家、詩人。五〇年代後半のアメリカで、物質文明を嫌った若者たち（ビートニク）に強く支持される。八四年に拳銃自殺。一一年後に発見された原稿を集め、刊行されたのがこの本。エドナは不遇な少年だったブローティガンの唯一の理解者。二十歳のある日、彼は《私の著作のすべてをエドナ・ウェブスターに贈る》とメモを添え原稿の束を渡し故郷を旅立ち、一二年後、全世界で四〇〇万部読まれる小説『アメリカの鱒釣り』（新潮文庫）を書く。

（リチャード・ブローティガン著／藤本和子訳／発行・ホーム社、発売・集英社／二〇一〇年刊）

『デュシャンとの対話』

マルセル・デュシャン（一八八七〜一九六八年）はシュルレアリスム（既成の美学に背を向け、意識下や非現実の世界を描く芸術運動）を代表するフランスの芸術家。一九一五年にアメリカに渡り、人生の後半はほとんど作品をつくることがなかった。なぜ彼はフランスを去り、作品をつくらなくなったのか。フランス国営放送のプロデューサーが問う。六〇〜六一年にラジオで放送されたその対話を書籍化。原書は九四年刊。なお、デュシャンの初期油絵作品の中に、「チェス」（一九一〇年作）がある。

（ジョルジュ・シャルボニエ著／北山研二訳／みすず書房／一九九七年刊）

『バンド臨終図巻』から『words for a book』へ

興味を持ったバンドについて調べてみよう

永井純一

音楽とは社会的な行為である。

というと、難しく聞こえるかもしれないが、つくる人がいて、演奏する人がいて、聴く人がいて、媒介する人がいて……という具合に、それにはさまざまな人びとが関係する。もちろん自分の為だけに自分で歌うようなものもあるが、私たちが音楽と呼ぶものの多くは、個人の範疇に納まらない集団的な営みなのである。

私が音楽に関心を持ち、特にバンドに惹かれる理由は概《おおむ》ねそこにある。さまざまな人間が絡み合い、関係しあうからこそ生まれるドラマがそこにはあるのだ。

洋邦問わず古今東西のバンドやグループの解散にまつわるエピソードを集めた『バンド臨終図巻』は、そうしたドラマの枠を集めた本である。そのタイトルからもわかるように山田風太郎『人間臨終図巻』を元ネタとしており、資料・文献調査を中心に編まれたダイジェスト版というかいわば事典であり、淡々と「図巻」しているのが心地よい。余談だが、トイレに置いてパラパラと少しずつ読むつもりが、夢中になって、しばしばトイレに立て籠もることになってしまった。

読み進めると解散に至るいくつかのパターンがあることがよくわかるが、カネ、オンナ、権力争いや兄弟喧嘩など、多くの場合は人間関係のこじれであり、バンドの数だけドラマがあることにも気づかされる。

とうぜん次の一冊は、「興味を持ったバンドについて調べてみよう」ということになるのだが、ビートルズ他いくつかの神格化されたレジェンドを除けば、ザ・ルースターズほどドラマチックなバンドもいないのではないかと思い、かつて資料として読んだことのある『words for a book』を引っ張り出して再読してみた。

この本ではボーカルの大江慎也によってメンバーの出会い、プロデューサーとの確執、自身の神経衰弱、バンドの空中分解が生々しく語られる。本書のクライマックスといえる奇跡の復活からフジロックでの解散ライブに至るくだりは、読む度《たび》に胸が熱くなる。それは自分たちの人生に、そしてルースターズにケリをつけるための儀式だったのである。もちろん、この数奇な物語はやはり大江個人だけのものではなくルースターズの物語であり、バンドという、彼らが人生を狂わされたにもかかわらず守ろうとした何ものかについて考えさせられてしまう。

また『バンド臨終図巻』を読んで興味を持ったバンドやグループがあれば、「CDを買って」とは言わないので是非音源にも触れて欲しい。音楽が「社会的」だという時、もちろんメディア環境の変化もそこに含まれるのだから、時代によって聴き方は変わる。インターネットを通じて簡単にアクセスできるが故に、今後は音楽との出会いを助ける手引きがいっそう重要になるだろう。そして断片的に音楽に触れる機会が増える時代だからこそ、その背景にある物語に目を向けて欲しい。それは音楽に奥行きや趣《おもむ》きを与えてくれるはずである。

●ながい・じゅんいち　社会学者。一九七七年、兵庫県生まれ。二〇〇〇年、甲南大学文学部卒。二〇一二年、関西大学大学院社会学研究科社会学専攻博士課程後期課程修了。博士(社会学)。専門は社会学、文化研究、ロックフェスティバル研究。現在、神戸山手大学現代社会学部総合社会学科専任講師。共著作に『文化社会学の視座――のめりこむメディア文化とそこにある日常の文化』(南田勝也、辻泉編著／ミネルヴァ書房／二〇〇八年刊)、遠藤英樹(立命館大学教授)ほか編著の『観光メディア論』(ナカニシヤ出版／二〇一四年刊。第七章《ツーリズムとしての音楽フェス――「みる」から「いる」へ》を担当)ほかがある。

『バンド臨終図巻』

国内一一七、海外八三のバンド(その中には「SPEED」などのアイドルグループも含む)は実際のところ何が理由で解散したのか。バンド解散時によく使われる言葉「音楽性の違い」《などという都合のいい言葉をバンド解散の理由として真に受けるのではなく、その裏側に隠れている本音を調査し伝える試みを行うものである》と本書は「はじめに」で宣言する。《ルースターズ》の項には《結成79年10月／デビュー80年11月1日「ロージー」(シングル)／解散04年7月30日》とある。著者五人のうち速水と円堂は二〇一四年刊『次の本へ』の著者であり、速水は、伝奇作家・山田風太郎が著名人の死因を没年順に並べて書いた『人間臨終図巻』(徳間文庫[全四巻]／二〇一一年刊)を挙げている。

(速水健朗、円堂都司昭、栗原裕一郎、大山くまお、成松哲著／河出書房新社／二〇一〇年刊)

『words for a book』

大江慎也四六年間の記録。大江は一九五八年、北九州市生まれ。小松崎は六五年、埼玉県生まれの音楽評論家、随筆家。大江は八二年と八五年に神経衰弱で、二〇〇〇年に潰瘍性大腸炎手術で入院。その間にバンドは大江抜きの編成を経て解散。長い「沈黙期間」を経た二〇〇三年、大江は残存メンバーが結成した新バンドのライヴに飛び入り参加。ルースターズ初代マネジャーが大江に声をかける。《――北九州から東京に出てきたときの、あのメンバーでもう一度だけやる気はないか?》。彼が籍を置く音楽事務所は、九七年から野外ロックイベント「フジロックフェスティバル」を主催していた。二〇〇四年、フジロック初日。再結成されたザ・ルースターズの四人はラストライヴのステージに立つ。

(大江慎也、小松崎健郎著／シンコーミュージック・エンタテイメント／二〇〇五年刊)

『不思議の国のアリス』から『大博物学時代』へ

古典に迷った私に「補助線」をくれた古書店の棚の一冊

中島俊郎

かつてアリス・ブームなるものがあった。一九七〇年代であったろうか。早くも半世紀前になろうとしている。著者ルイス・キャロルとアリス物語をめぐり、研究書、関連本が編まれ、特集が多くの雑誌で組まれた。関連グッズまで陸続と売り出される始末で、さながらアリスはサブカルチャーの女王に君臨するようであった。

ところが『不思議の国のアリス』を読んでみると、どたばたの連続で、ただ物語は混沌としているだけで、どこを糸口にして、また何をテーマとして考えていけばいいのやら分からない。登場人物(動物)がしゃべる言葉も意味すら理解できない。キャロルの文学世界はまさに不思議の国そのもので、テーマすら浮きあがってこなかった。まるで天から言葉が降り注ぎ、洪水を引き起こし、過剰な意味だけが残骸をさらしているかのようであった。

そもそも『不思議の国』は夢の物語であり、いわば夢は支離滅裂な存在だから、それでいいのだと無理やり自分を納得させようとした。理解できないという後ろめたい気持ちが尾をひいて、不安定な精神状態がかなり長く続いた。

始末が悪かったのは、キャロル関連本で多くの著者が訴えていた論点のどれも納得がいかず、どの解釈も胡散臭く思えてしまい、あげつらうテーマも何やら針小棒大の感が否めない。自分が迷い出すとどこまでも迷ってしまう。どうやらキャロルの術中にみごとにはまってしまったようだ。

古典を読むという経験は、こうした理解不能に陥る体験ではないのか、と今では開き直っている。何やら意味不明の総体にからめとられてしまい、精神的に身動きできなくなってしまう膠着《こうちゃく》状態こそ、古典体験の第一歩ではないのか、と。

不思議の国には絶滅した「ドードー」という怪鳥が登場する。どんな鳥なのか、調べるため参考書を求め、古書店へ入った。暗闇を照らす一条の光はそこの書棚から射してきた。荒俣宏が書いた『大博物学時代』が光源となった。書名にある「博物学」という言葉そのものが過ぎ去った時代性をすでに示している。過去の学問である。文化人類学などの新しい知が取って代わった。でも、その本のなかには対象をどのようにとり入れ、いかに分類し、価値づけたかという、進化論をめぐる苦闘の過程が活写されていた。

博物学者のほとんどはアマチュアであり、試行錯誤の連続である。でも、子供じみた営為を私はけっして笑えなかった。原野を歩き回る博物学者が不思議の国で彷徨する自分の姿と重なってきたからだ。試行の数々から、また直接関係がない思索からわずかな光が生じてくる。対象との間に何気なく引いた補助線が思わぬ考え方をもたらす、という見立てはじつに新鮮であった。急がば回れ、これはまさに真理である。

引くことのできる補助線をできるだけ多く自分のなかで保存しておき、いつでも活用できるようにするため、私は古書の大海原へ出て行くようになった。

●なかじま・としろう　英文学者。一九四九年、神戸市生まれ。七八年、甲南大学大学院人文科学博士課程英文学専攻単位取得。イギリス文学専攻。九七～九八年、オックスフォード大学コーパス・クリスティ・カレッジ研究員。現在、甲南大学文学部英語英米文学科教授。主な著作に『オックスフォード古書修業』(NTT出版／二〇一一年刊)、『イギリス的風景』(同／二〇〇七年刊)ほか。主な訳書に『歴史と文学——近代イギリス史論集』(キース・トマス著／みすず書房／二〇〇一年刊)、『暮らしのイギリス史』(ルーシー・ワースリー著／玉井史絵との共訳／NTT出版／二〇一三年刊)。近編著に自身が生まれ育った神戸・岡本の住民たちが町の歴史を綴った『岡本　わが町——岡本からの文化発信』(神戸新聞総合出版センター／二〇一五年刊)がある。

『不思議の国のアリス』

著者は一八三二年生まれのイギリスの作家、数学者。オックスフォード大学の数学講師（九八年没）。知人の娘アリスのために六五年にこの物語（と続編の『鏡の国のアリス』）を書く。中島さんが読まれたものはイギリスの出版社Penguin Booksの英文ペーパーバック。日本では翻案改題されたものが明治時代からあり、『不思議の国のアリス』の題では一九三四（昭和九）年刊が最も古い。七〇年に劇作家の別役実が書いた不条理劇の戯曲『不思議の国のアリス』（三一書房）が刊行されたあたりから本作の再解釈ブームが起きた。刊行一五〇年目にあたる二〇一五年にも多くの研究書や新訳が刊行されたが、ここでは（中島さんと同じ）神戸出身の佐々木マキが装画を描いたものを挙げる。

（ルイス・キャロル著／高山宏訳／佐々木マキ・絵／亜紀書房／二〇一五年刊）

『大博物学時代』

一八～一九世紀（それは西欧人が世界中を探険した時代でもある）に、生物学、植物学……と今のように細分化される前の科学をすべて引き受けていたのが博物学。今は、たとえば現場に出かけてひたすら昆虫の生態を観察する学者に対し「それは博物学的だ」、つまり「君は時代遅れの素人だ」という意味を込めた悪口として使われる。この本の冒頭で《このささやかな書物は、博物学という、今はすっかり忘れ去られた学問と、その歴史について語ったものである》と書く荒俣は一九四七年生まれ。映画化もされた伝奇SF『帝都物語』シリーズ（角川書店ほか）の作家にして幻想文学、神秘学の専門家。全五巻、二三七〇ページに及ぶ『世界大博物図鑑』（平凡社）を著した荒俣自身が現代の博物学者である。

（荒俣宏著／工作舎／一九八二年刊）

一冊だけの知識では気づかないことがある

永松伸吾

結婚三年目に新築マンションを購入して転居した。交通の便がよく、都心へのアクセスも格別なその地域が同和地区であったということを知ったのは、第一子が地元の保育所に通い始めた時であった。人権教育に力を入れるのは結構だが、何でも人権に結びつけられるのには閉口した。その保育所の保護者会報では、戦争は人権侵害だからいけないのだと説明されていた。私が寄稿した文章の中にあった「長男」は「一番上の男の子」と勝手に書き直された。なんとも釈然としない日々に知人から紹介されたのが山下氏の著作だった。

この本が面白かったのは、部落解放運動に半生を投じた山下氏自身の、個人的な問題意識に沿って、部落解放運動の意義と限界などについて記されていたことだった。私はそれまで、部落の人たちは大変な差別を受けてきたから、差別は駄目だと教わってきた。それは事実だとしても、その解放のために活動している人々の中にも反省があることを知った。それは差別の糾弾が行き過ぎたために、多くの人に過剰な自己規制が働き、差別が語られなくなってしまったことだという。

なるほど。確かに私の感じた保育所の違和感は、どちらかと言えばその違和感を率直に口にできない「雰囲気」にあった。非常に合点がいったので、もうすこし同和地区のことを勉強しようと思い、地元の勉強会に参加したのである。

同和問題を研究しているという講師に向かって、山下氏の著作から学んだばかりの知識を元に、自信を持って私はこう指摘した。「被差別部落の方に、もし何か間違って差別的な言葉を発したら、糾弾されたり、つるし上げられたりしそうで、私を含め多くの人は言いたいことを言えないでいるのではないでしょうか」

ところが、講師から返された一言は、私にとって衝撃的であった。「あなた、実際に糾弾とか、つるし上げとか、見たことありますか?」。私は面食らって答えた。「い、いいえ、ないです」。講師は続けて語った。「最近はそんなことやってる地区なんてほとんどないですよ。それよりも、昔そうだったとか、人から聞いたとかで、『同和は怖い』というイメージを持ち続けることが、差別そのものではないですか。なぜその違和感を率直に口にしないのですか」

自分が差別の側にいるという事実を知り、もう一度考え直さねばと思った。そこで本屋で思わず手にしたのが『はじめての部落問題』である。二冊目にもかかわらずこのタイトルに惹かれたのは、自分の偏った見方にリセットボタンを押したい衝動だったのかもしれない。

著者の角岡《かどおか》氏自身も同和地区出身だが、山下氏よりもずいぶんと若い世代で、糾弾型の運動の経験はない。そのためか同じ部落出身者でもずいぶんと考え方が違う。その後同和地区の人々とともにまちづくりにかかわる機会が増えたが、彼らの感覚は角岡氏のそれに近く、非常に参考になった。そして「二冊読んだ」と言うと彼らもそれなりに感心してくれる。実は彼らとの距離を縮めてくれたのは、そのことなのかもしれない。

●ながまつ・しんご　防災、減災、危機管理政策、災害経済学の研究者。一九七二年、北九州市生まれ。九五年、中央大学法学部政治学科卒。二〇〇〇年、大阪大学大学院国際公共政策研究科博士後期課程退学。博士(国際公共政策)。Asian Disaster Preparedness Center(アジア災害予防センター、本部・バンコク)客員研究員、防災科学技術研究所特別研究員、人と防災未来センター研究副主幹などを経て、二〇一〇年に関西大学社会安全学部・大学院社会安全研究科准教授。二〇一一年、労働対価による被災者支援を普及促進する一般社団法人キャッシュ・フォー・ワーク・ジャパンを設立、代表理事就任。二〇一五年より関西大学社会安全学部教授。著作に『キャッシュ・フォー・ワーク—震災復興の新しいしくみ』(岩波ブックレット／二〇一一年刊)ほか。『減災政策論入門—巨大災害リスクのガバナンスと市場経済』(弘文堂／二〇〇八年刊)で日本公共政策学会著作賞受賞。

『被差別部落のわが半生』

二八歳の頃を著者はこう書く。《私もようやく自分が語るべき言葉を見出したのだ。それから二十年余り、私は自分の部落解放運動の主な部分を糾弾活動に費やした。われわれ部落民に対して侮辱の意志を表示したり、運動を妨害したりする人や企業や組織や団体を、徹底的に糾弾してきた。「糾弾屋」と揶揄《やゆ》されたりもした》。しかし一九八〇年代に入った頃、《金借りに行って思い通りにならんかったら〈差別発言糾弾〉》という方法を採る先輩たちを前に《あまりにもお粗末や。差別糾弾闘争を傷つけんといてんか》と《はっきりモノを言う》ことになる。著者は一九四二年、大阪府生まれの奈良県議会議員。東京工業大学中退。七二年より部落解放同盟奈良県連合会専従となり委員長ほかを歴任。八三年、奈良県議会議員に初当選。

（山下力《つとむ》著／平凡社新書／二〇〇四年刊）

『はじめての部落問題』

《一般的にいって、部落問題に対して違和感を持っている人は少なくない。「なんだかよくわからないけど、あまりかかわりたくない問題」と考えている人が多いのではないだろうか。なにを隠そう、実を言うと私もそのひとりである》と「はじめに」に書く著者は一九六三年、兵庫県生まれ（前掲の山下力とは二一歳差）。関西学院大学社会学部卒。神戸新聞記者などを経てノンフィクションライターに。『カニは横に歩く――自立障害者たちの半世紀』（講談社／二〇一〇年刊）で講談社ノンフィクション賞受賞。著者は『はじめての部落問題』の「あとがき」にこう書いている。《いろんな人が、おのおのの視点でこの問題を書いているが、当事者および取材者の目から見ると「なんか違うで、それ」と突っ込みたくなるようなものが少なくない》。

（角岡伸彦著／文春新書／二〇〇五年刊）

知らない世界を知ろうとすること

西脇エミ

知ろうとすることは愛である。愛とはどういうことなのか、霧が晴れるようにはっきりとした日がある。それは私にとって、波のない海と雲ひとつない空がひっくり返りそうな体験であった。愛とは時々に変化してゆく海の色を捉えたいと思ったり、訪れたことのない国の歴史を知りたいと思ったりする衝動ではないかと思う。

二〇一四年の一〇月末から一二月までに滞在したアイスランド行きのフライトの中で、『サガとエッダの世界――アイスランドの歴史と文化』のページをめくる。これから訪れる未知の国について少しでも知りたいと図書館から借りた一冊である。この読書は長時間の飛行機に乗りながら千年ほど過去に遡るような体験であった。九世紀まで無人島であったアイスランドに初めてアイルランド人のお坊さんがひっそりと住み着き、ノルウェイからヴァイキングが漂着する。こうしてこの土地が発見され国が形成されてゆく。アイスランドの冬の長い夜、寝室の窓から見える真っ黒なアトランティックを横目に、また、その暗闇にゆっくり青みがかる朝の時間の夢から覚めきるまでの間に、少しずつこの土地の歴史を読み進めた。この本ではアイスランドの歴史を、特に九世紀から一三世紀の奇跡的とも言える文学の勃興にフォーカスを当て紹介する。サガとは、アイスランドを創った人々の歴史を記録した書物である。この国の記録を読みながら、ここに生きた誰かの記憶をたどる。冬の静けさと夜の長さのせいか、千年前の出来事を身近に感じる瞬間が時々にあり、それは目眩《めまい》のするほど魅力的な体験であった。

アイスランドの人々の血生臭くも愛おしい記録を読みながら、私は人間についてもっと知りたいと思い、出発前、とっさにスーツケースに入れたボーヴォワールの『人間について』を同時に読み始める。一五〇ページに満たないこの本を、少し読んではわからなくなり始めに戻る、というのを何度も繰り返し、読み終わるまで長い時間がかかった。この本を読みながら、結局私は神戸－東京－アイスランド－ニューヨーク－東京－神戸－アイスランド－東京－神戸と移動をすることになる。本のページも居場所もぐるぐるぐるぐる、進んでは同じところに戻る。この旅に終着点はあるのか不安になるほどである。この本の中で著者は、生きている中で漠然と感じる言葉にしがたい、文学や神話からの引用や身近な例を挙げ、点と点を繋げながら、するすると問題を解いてく。人間の真の自由性とは何かを私たちに訴えてくれる。彼女の問いかけとその答えは、生きて行く支えになってくれる。永遠に続きそうなこの読書にもちゃんと終着点はあった。人を世界を知りつづけたい。

●にしわき・えみ　アーティスト。一九八五年、神戸市生まれ。二〇〇七〜二〇〇八年、アメリカの美術大学プラット・インスティチュートへ武蔵野美術大学より協定交換留学。二〇〇九年、武蔵野美術大学映像科卒。同年、レイキャビクの文化施設"NORDIC HOUSE"での展覧会に参加。二〇一三年、ニューヨークの作家滞在制作プログラムへ参加し個展を開催。二〇一四、一五年とレイキャビクの作家滞在制作プログラムへ参加。神戸、ニューヨーク、その他地域を行き来しながら、主に映像や写真を用いたアート作品を制作。ちなみに図書館から借りた『サガとエッダの世界』は、海を二度渡り、ニューヨークから返却したとのこと。

『サガとエッダの世界』

アイスランドは大西洋《アトランティック》の北方にある人口三三万人の島国。九三〇年に立法と裁判機能を持つヨーロッパ最初の議会(島民集会)を持ったこの島の文化水準は高く、一〇世紀には、伝記物語「サガ」と、神話と英雄伝説の詩篇「エッダ(Edda)」に代表される独自のアイスランド文学が栄えた。キリスト教以前の古代ヨーロッパの世界観を現すその文学は、現代のロールプレイングゲームにまで影響を与えている。著者の山室静は一九〇六年生まれの文芸評論家。トーベ・ヤンソン(スウェーデン系フィンランド人の児童文学者)作「ムーミン」シリーズの翻訳者。本書は八二年、社会思想社より刊行。二〇〇四年にオンデマンドプリント版(注文を受け一部単位でプリントする出版物)が紀伊國屋書店より刊行。ここでは古書市場で入手可能な九二年刊の文庫版を挙げる。

(山室静著/社会思想社/一九九二年刊)

『人間について』

読者に向けて語りかけることばで書かれたエッセイ(二〇〇五年の改版で一六三ページになった)。一九四四年刊の原題は"PYRRHUS ET CINÉAS"(ピリュウスとシネアス)。紀元前三世紀のエピロス(ローマ帝国の強敵)の王と、その優秀な部下の名前。二人はこういう問答をする。「王よ、すべての戦争に勝ったら何をしますか?」「毎日宴会でもするさ」「じゃあ、今ここで宴会をやればいいじゃないですか」。ここから、人が生きる目的とは何かという話が始まっていく。著者は一九〇八年生まれのフランスの作家、思想家。第二次世界大戦中はレジスタンスとしてナチスドイツと戦った。四九年、女性論『第二の性』が世界中で話題となる。三歳年上のフランスの実存主義哲学者サルトルの彼女。八六年没。

(ボーヴォワール著/青柳瑞穂訳/新潮文庫/一九五五年刊)

一ページだけ書かれていた「夢」が自分の進路と重なって

念波

一九九五年、大学に入学してすぐのことだ。知り合った同級生に声をかけられた。「すごく有名な講義があるから、受けてみないか」。聞けばその講義を受講するためにわざわざ入学してくる学生さえいるという。私は勧めに従ってその講義を受け、すぐにその講義の教員のファンになり、そして彼の研究室に遊びに行くようになった。

彼はその講義とは別に、新入学生を対象にしたゼミ形式の授業も行っていた。彼の研究室にはそのゼミに集まった学生たちがよくたむろしていた。彼らは『生命《せいめい》を捉えなおす』、という本をテキストとしていた。一九七八年に書かれた、当時としても古い本だった。

私は彼らとすぐに仲良くなり、研究室の外でも頻繁に遊ぶようになった。当時、私はゼミ自体を受講してはいなかったので、いってみれば「遊びに行くときオンリーのメンバー」となった。彼らのあいだでときおりはじまる、ゼミでの議論の話題についていけないのは寂しかったが、履修登録をしなかった以上は後の祭りだった。

後年、そんな彼らのうちの一人から、講義に用いていた『生命を捉えなおす』を譲り受けた。私は友人たちの思考のあとをなぞりたい気持ちでそれを読んだ。

そのころ私は分子生物学の研究を始めたばかりで、それに夢中になっていた。いっぽうで、ただ漠然と、きわめてミクロな分子の世界から得られる知識を使って、生き物の見せるもっとマクロな活動や性質を議論してみたいな、という野心を持っていた。『生命を捉えなおす』は、どこか同じような野心に駆り立てられて書かれた本に思われた。が、すぐに自分の研究に応用できる内容でもなかった。読み終えて、友人たちとの距離がいくらか縮まったような気分とともに、書棚に収めた。

大学入学以来一〇年ほどが経ち、私は博士号を取得し、研究職の仕事を探し始めた。そして見つけたある一つの求人に心を射抜かれた。『生命を捉えなおす』で、わずかに一節、たった一ページを使って紹介されていたある理論、それに基づいて大成果をあげた研究室の求人だった。

『生命を捉えなおす』は、その理論について、「夢のようなこと」「この考えが、一般的に正しいかどうかは今後の研究によってはっきりすると思いますが」(二一四ページ)、と述べている。まさにそれをある程度はっきりさせ（一九九五年頃のことである）、今、さらに広い範囲ではっきりさせようとしている人々がいて、仲間を募っている。私はすぐにその研究室にコンタクトを取り、そこで雇われることになった。

私を雇ってくれたその研究室の教授は、後年、『波紋と螺旋《らせん》とフィボナッチ』という本を書いた。彼が生命現象に向ける興味のありようや、あるいはその研究室がはっきりさせてきたことが、『波紋と螺旋とフィボナッチ』で鮮やかに描かれる。『生命を捉えなおす』ではわずかにしか触れられなかったことが、具体的かつ詳細に、わかりやすく述べられている。「夢のようなこと」は、夢でなくなっていた。

結局のところ私はさしたる貢献もできずにその研究室を去ることになるのだが、それでも私は、そんな同僚たちとの議論に、確かに参加することができたのである。

●ねんぱ　本名・山本慎太郎。一九七六年、滋賀県生まれ。生物学者。視覚の分子生物学的研究に携わる。九九年、大阪大学理学部卒。二〇〇五年、大阪大学大学院理学研究科単位取得退学。博士(理学)。名古屋大学理学研究科、理化学研究所などを経て、二〇一三年より「ヤバ研」(ヤバい研究者の集まり)の一員としてサイエンス・メルマガ「博士@研究室」を発行。

『生命を捉えなおす』

生命のある個体(たとえばヒト)を細かく見れば、その細胞にも生命がある。逆に大きく見れば、ヒトが集まってつくる社会にも同じように生命があると考えられないか。小さなもの(ミクロ)と大きなもの(マクロ)は互いに影響しているのではないか。広い視野で生命とは何かを考える書。著者の専門は「生命関係学、場の生命論」。東京大学名誉教授、NPO法人「場の研究所」所長。一九七八年に初版刊行。現在刊行されているものは、九〇年初版の増補版。

(清水博著/中公新書/一九九〇年刊)

『波紋と螺旋とフィボナッチ』

第一章の章題が特撮ドラマ「ウルトラQ」第六話の題にほぼ同じ(他の章題もほぼその調子)という、軽く饒舌な文章で書かれた一般向け科学読み物。著者は貝殻の螺旋、シマウマの縞《しま》など、生物の模様や形態の研究者(大阪大学大学院生命機能研究科教授)。フィボナッチはフィボナッチ数列(一、一、二、三、五、八、一三、二一……と、最初の二項が一、第三項以降が直前の二項の和になっている数列。自然界の形態はこの数列でできている、とされるが実は……)を発見した一二～一三世紀のイタリアの数学者。

(近藤滋著/学研メディカル秀潤社/二〇一三年)

『ジョゼフ・フーシェ』から『マゼラン』へ

「読書の連鎖過程」を作る

野口悠紀雄

小説などで、ある著者の本を読んで面白いと思い、その人の著作を次々に読んでいくということがしばしばある。このように、関連のある本を次々に読んでいくという方法は、読みたい本を探し出す方法として有効だ。

例えば、私は、シュテファン・ツヴァイクの『ジョゼフ・フーシェ』（みすず書房。以下同）を読んで面白いと思い、次に『人類の星の時間』、そして、『マゼラン』、そして『メリー・スチュアート』と、つぎつぎに読み進んだ。

これは、小説を選ぶ場合にとくに有効な方法だ。小説に関する嗜好は、著者で決まる側面が強いからだ。また、小説の面白さは、著者の力量によって大きく左右されるが、この方法で選べば、おおよその水準は確保できる。例えば、SFは出来・不出来のバラツキがきわめて大きく、大部分が駄作だ。しかし、面白いと思った著者の作品を読み進めば、あまり大きな失望はない。

以上は、「著者」に関して「縦につなげてゆく」方法だ。それとともに、テーマに関連して「横につなげる」こともある。例えば、メリー・スチュアートを読めばエリザベス女王にも興味を持つことになるだろう。そこで、それに関連した本を読んでいくことになる。

歴史や経済、あるいは科学などについての読書では、この方法で読む本が広がっていくことが多い。

あることについて知識を持てば、それに関連することへの興味が増す。したがって、興味が次々に広がっていく。いわば、好奇心が自己増殖していくわけだ。私は、好奇心こそが人類の進歩をもたらしてきたものであり、そして、好奇心の自己増殖過程を意識して作ることは可能であると思っている。上で述べたのは、その方法を読書に当てはめたものだ。

ここで述べた「読書の連鎖過程」を作る最初のきっかけとしては、様々なものがある。学校の教科書であることも多いし、友人との会話であることもある。映画がきっかけになることもある。新聞等にある読書案内がきっかけになることもある。ただ、問題は、取り上げられている書籍が新刊書だけだということだ。電子書籍が普及して絶版がなくなれば、古い本についての書評も行われるようになるだろう。私は、そうした書評が今後増えることを期待している。

いずれにせよ、最初のきっかけを、できるだけ若い時代に、できるだけ多く作ることが重要だ。それがあなたの人生を豊かにしてくれるだろう。

●のぐち・ゆきお　経済学者。専攻はファイナンス理論、日本経済論。一九四〇年、東京生まれ。六三年、東京大学工学部卒。六四年、大蔵省入省。七二年、アメリカのイェール大学にてPh.D(経済学博士号)取得。一橋大学教授、東京大学教授(先端経済工学研究センター長)、スタンフォード大学客員教授、早稲田大学大学院ファイナンス研究科教授などを経て、二〇一一年より早稲田大学ファイナンス総合研究所顧問。『情報の経済理論』(東洋経済新報社/七四年刊)で日経・経済図書文化賞受賞。『財政危機の構造』(東洋経済新報社/八〇年刊)でサントリー学芸賞(政治・経済部門)受賞。『バブルの経済学』(日本経済新聞社/九二年刊)で吉野作造賞受賞。九三年刊の『「超」整理法』(中公新書)が大ベストセラーとなる。近著に『戦後経済史——私たちはどこで間違えたのか』(東洋経済新報社/二〇一五年刊)。

『ジョゼフ・フーシェ』

著者のツヴァイクは一八八一年、オーストリア生まれ。詩人として世に出たが、伝記作家として世界に知られるようになる。第一次世界大戦時はスイス、二次大戦時はイギリスに逃れ、のちアメリカ、ブラジルへと移り住む。四二年、妻と自殺。ツヴァイクが《稀世の政治的手品師》と書くジョゼフ・フーシェ(一七五九～一八二〇)はフランスの政治家。フランス革命時は革命勢力側に付くが、内部対立で失権。ナポレオンが権力を握る際にその腹心に転じ警察相となるが、ナポレオン追い落としの陰謀に参加。体制が再び王政に変わった際に再び警察相となるが、最後は国外追放される。『人類の星の時間』(みすず書房／一九九六年刊)はナポレオンなど世界史上の重要人物とその決定的場面を描いた一二本の物語。

(シュテファン・ツヴァイク著／吉田正己、小野寺和夫、飯塚信雄訳／みすず書房／一九九八年刊)

『マゼラン』

「ツヴァイク伝記文学コレクション」第一巻(アメリカという名称の由来となった探検家、アメリゴ・ヴェスプッチの伝記も収録)。マゼラン(一四八〇頃～一五二一)はポルトガルの航海探検家。スペインを出港、大西洋を南下して南米大陸南端(のちにマゼラン海峡と名付けられる)を通過し太平洋に入り、フィリピンに到達したが《――史上最大の航海者は、理想を実現した最高の、そしてもっともすばらしい瞬間に、裸の島民の一群とけちな小ぜりあいを演じて無意味な死をとげたのである》とツヴァイクは書く。部下はさらに西へ向かいスペインに帰着、人類初の世界一周航海となる。シリーズ第五巻『メリー・スチュアート』(一九九八年刊)は、エリザベス一世のライバルにして最後のスコットランド女王の伝記。

(シュテファン・ツヴァイク著／関楠生、河原忠彦訳／みすず書房／一九九八年刊)

『カシアス・クレイ』から『マルカムX自伝』へ

一点突破・全面展開

野村 進

この話をするとよく驚かれるのだが、私は中高生のころ真剣にプロボクシングのトレーナーを目指していた。

読むものといえば、ボクシング関連書ばかり。専門誌の「プロレス&ボクシング」(のちの「ボクシング・マガジン」)と「ゴング」の二誌は毎月それこそ隅から隅まで熟読していた。

高校二年のときには自ら「ボクシング・マガジン」の編集部に電話をかけ、業界関係者や評論家の座談会に毎月出席させてもらうようになり、編集部でのアルバイトも始めた。もちろんプロのジムにも土日を除き毎日通っていた。小学生時代からのボクシング好きが高じて、そこまでのめりこむはめになっていたのである。

そんなおり手にした一冊が『カシアス・クレイ』であった。

この本は、あまたあるボクシング関連書の中で、ひときわ異彩を放っていた。著者のホセ・トレス自身がその数年前まで世界ライト・ヘビー級チャンピオンだった人物で、超一流のボクサーから見た超一流のボクサー、つまりモハメッド・アリ(旧名カシアス・クレイ)とボクシングという競技を、従来とはまったく違った視点から描き、作家のノーマン・メイラーらから絶讃されていたのである。

トレスは「ボクシングはチェスと同じ」と言い切る。表面的には肉体と肉体との戦いに見えるが、実際には高度な頭脳戦にほかならないというのだ。その頭脳のレベルにおいて、アリは比肩する者なき高みに立っている。だからこそ「世界最強の男」と呼ばれていたのである。

トレスのあげた譬《たと》えは今も忘れられない。たとえば左ジャブに見せかけて左フックを放つのは、アルファベットの「I」を「L」にすばやく書き換えるようなものだ。

観客たちは、ボクサーが目尻から流す血や、腫れ上がった瞼《まぶた》、パンチによって飛び散る汗に目を奪われるが、ボクサー自身はそれらをほとんど意に介さない。血や汗や打撲は、ちょうどチェスのプレーヤーが長時間の対局中に覚える目の疲れと同質のものにすぎないのだから……。

こうしたトレスの見方は、私のボクシング観を一変させたと言ってもよい。以前の私は、大多数の観客や視聴者と同じく、パンチがヒットする瞬間ばかりに目が行っていたのだが、トレスを知ってからは、ボクサー同士のフェイントの掛け合いや心理戦に注目するようになった。そして、超一流のボクサーとは、とりもなおさず超一流のフェイントの使い手、誤解を恐れずに言えば超一流の〝詐欺師〟であることに気づいたのだった。

さらに、アリの関連書を通じて、私はマルコムXを知る。言うまでもなく、キング牧師と並び称される一九六〇年代の黒人解放運動指導者で、アリの〝メンター〟としても知られていた。その一方で私の中では、アリが徴兵を拒否し、世界タイトルを剥奪されたうえ、リングに上がる権利すら三年半以上も奪われる原因となったベトナム戦争への関心もふくらんでいく。

こうして『マルカムX自伝』や、ベトナム戦争に関するノンフィクションへと、十代末の読書は広がっていった。「一点突破・全面展開」という言葉を知ったのもそのころで、あたかも自分の辿《たど》ってきた読書歴を言い当てられたように思ったものだ。

●のむら・すすむ　ノンフィクションライター。拓殖大学国際学部教授。一九五六年、東京都生まれ。上智大学外国語学部英語学科中退。八一年、『フィリピン新人民軍従軍記』（現在は講談社＋α文庫に収録）でデビュー。九七年、『コリアン世界の旅』（現在は講談社文庫）で大宅壮一ノンフィクション賞と講談社ノンフィクション賞を受賞。九九年、『アジア 新しい物語』（現在は文春文庫）で、アジア・太平洋地域に関する優れた出版物の著者に贈られるアジア太平洋賞を受賞。医療現場を取材した著作も多く、近著に『解放老人―認知症の豊かな体験世界』（講談社／二〇一五年刊）がある。

『カシアス・クレイ』

一九四二年生まれ。六〇年、ローマオリンピックで金メダルを獲得。同年、プロ転向。六四年、イスラム教に入信し改名。六五年、ベトナム戦争に本格介入したアメリカ国内で反戦運動が高まる。アリは七一年にリング復帰。七三年、アメリカはベトナムから撤退（この年、アメリカの徴兵制も一旦停止される）。七四年、アリは再びチャンピオンとなる。翌年、ベトナム戦争終結。著者のホセ・トレスは三六年、プエルトリコ生まれ。メルボルンオリンピックで銀メダル。二〇〇九年没。

（ホセ・トレス著／和田俊訳／朝日新聞社／一九七二年刊）

『マルカムX自伝』

一九六八年に初邦訳（河出書房刊）が出た当時、アリのメンター（Mentor 指導者、助言者、頼れる相談相手の意味）の日本での表記は「マルカムX」だった。但しこれは抄訳（原文の一部を抜きだして翻訳したもの）。その生涯を描いた映画「マルコムX」（スパイク・リー監督、デンゼル・ワシントン主演）が公開された九三年、改題された完訳版『マルコムX自伝』（発行・アップリンク、発売・河出書房新社）が刊行される。最も新しいものは二〇〇二年に中公文庫から上下巻で刊行されている『完訳マルコムX自伝』。

（マルカムX著／浜本武雄訳／河出書房／一九六八年刊）

『上海バンスキング』から『馬車は走る』へ

物語には裏側が必要なのだ気づいたオレはエラかった

菱田信也

「上海バンスキング」を観たのは一八の時、神戸文化ホールだった。七九年に初演された、八〇年代小演劇の金字塔と呼ばれたこの作品はこの時すでに成熟しきった仕上がり。時代は満州事変前から終戦まで、魔都・上海租界での日本人ジャズバンドたちの物語。程よく洒落ていて、なにより劇団員達がこの作品のためだけに一から楽器を習いおぼえたという、どうかしてる情熱にやたら感動、見終わってすぐ三宮の書店に走った。シェイクスピアでさえ読むのが面倒で「読むより演った方が早い」と、地元劇団の「マクベス」にオーディション受けて出演したくらいだったからこれが生まれて初めて前向きに読んだ戯曲である。

しかしあらためて戯曲を読み込むと、私が感動したのはようするに劇団オンシアター自由劇場という運動体が観客に伝えた「夢」の一部であって、作者・斎藤憐《れん》が戯曲に込めた本質ではなかったことを思い知る。軍部や国家の思惑、特務機関の暗躍といった「歴史上の真実」を理解せずして、この物語の意図は摑めない。「そんなことわからんで作家になれるか！」と殊勝に恥じた。そこがエラかった、と、まだ童貞だったあの日の自分をホメてやりたい。

物語には裏側が必要なのだ、まずはそこを見つけるのだ！　とあちこち漂った先に行き着いたのが「ルポルタージュ」という分野だった。劇作家志望のもがく一八歳が藁をもつかむ思いで手にしたのは沢木耕太郎『馬車は走る』。真実のみを焙り出すことが必須の文学に触れればなにかが見つかる……、この飛躍もまたエラかった。

七〇～八〇年代を疾走した石原慎太郎、小椋佳といった著名人や、昭和三五年、赤坂に世界最大のクラブ「ミカド」をオープンさせた怪人・山田泰吉まで。いわば魑魅魍魎どもに密着したルポ群の中でもっとも刺激的な作が「ロス疑惑」でバブル前夜の時代を席巻した三浦和義の、逮捕に至るまでの最後の数時間を描ききった「奇妙な航海」だった。全マスコミが逮捕Xデーと騒ぎ立て周囲を取り巻く中、都内・紀尾井町のホテル一室に籠もった疑惑の男・三浦とその取り巻きたち。沢木耕太郎は三浦に単独インタビューを申し出るが……。騒乱と静寂、栄光と暗闇。そして一瞬で訪れる戦慄の幕切れ。そこに広がるのはリアルの凄みだが、一周回ってしまえば見事に「演劇」になる、そんな方程式を私はここでついに捉えたのだ。……オレ、エラかった！

「上海バンスキング」の主人公マドンナは終幕で、一人、こう呟く。

「――夢なのよね、みんな。」

ユメの足元には必ずジゴクがあり、だからこそ人はそこから抜け出そうとあがく。目に見える事実と、見えない真実は違うのだ、まずはジゴクに目を向けろ、それがやがてドラマとなり、観客を楽園に導くテコになる……。

「上海から、紀尾井町」。そこに、自分の作劇法を見出す最初の旅があったと思う。

●ひしだ・しんや　劇作家、脚本家、演出家。一九六六年、神戸市生まれ。九一年、英知大学卒。在学中から放送作家として活動。二〇〇一年、阪神淡路大震災を題材とした脚本「いつも煙が目にしみる」で近松賞（劇作家・別役実らが選考委員）優秀賞受賞。二〇〇五年、同作を「パウダア～おしろい～」に改題改稿し、兵庫県立芸術文化センターと紀伊國屋ホールで上演。翌年度の読売文学賞（戯曲シナリオ部門）を受賞。ＮＨＫ「再生の町」、テレビ朝日系「ジウ～警視庁特殊犯捜査係」などテレビドラマ脚本も手がける。二〇一四年より「神戸の劇団ヴィンテージ」主宰。二〇一五年、阪神淡路大震災を題材とした「１９９５年、大怪獣ガジラ襲来」を同劇団公演として神戸と大阪で上演。著作に『震災脚本家菱田シンヤ』（エピック／二〇一五年刊）がある。

『上海バンスキング』

バンス(vance)とは前借りのこと。《バンドに入って、給料前借りしちゃドロンする》色男、そんな男に惚れてしまったマドンナ。そんな女に惚れてしまった哀しい男。初演は一九七九年一月、東京・六本木の自由劇場(演出・串田和美《かずよし》)。主役の正岡まどか(マドンナ)は吉田日出子。他に笹野高史《たかし》、余《よ》貴美子、小日向《こひなた》文世《ふみよ》などが出演。その後も再演が繰り返されている名作。著者は一九四〇年、当時日本の植民地だった朝鮮半島・平壌生まれの劇作家。六二年、早稲田大学第二文学部露文科中退。六五年に俳優座養成所を卒業し劇団「自由劇場」結成に参加(七五年に「オンシアター自由劇場」に改称)。八〇年、本作で岸田國士《くにお》戯曲賞を受賞。二〇一一年没。

(斎藤憐著/而立書房/一九八〇年刊)

『馬車は走る』

一九八六年、文藝春秋刊。雑誌「PLAYBOY(日本版)」「文藝春秋」「小説宝石」「GORO」「旅」「BRUTUS」に掲載した六本の人物ノンフィクションと、取り上げた六人のその後に触れた「長いあとがき」で構成されている。他の二名は棋士・趙《ちょう》治勲《ちくん》と、ヨット乗りの多田雄幸《ゆうこう》。あとがきに「私はこの十数年というもの、《運命という名の馬車》を走らせている人々のもとに赴《おもむ》いては、その馬車に乗せてもらいつづけていたのだ」と書く著者は四七年、東京都生まれのノンフィクション作家。七〇年、横浜国立大学卒。七九年、『テロルの決算』で大宅壮一ノンフィクション賞受賞。八二年、『一瞬の夏』で新田次郎文学賞受賞。

(沢木耕太郎著/文春文庫/一九八九年刊)

『坊っちゃん』から『街道をゆく』へ

「気をつけなさい」と注意されたからますます興味を持った

日高真吾

高校三年生の秋、私はそれまでの人生で最大の挫折を味わっていた。当時、私は全国高校駅伝常連の名門高校におり、主将として京都の都大路を走るべく、メンバー争いをしていた。しかし、残念ながらメンバーには選出されなかった。私は落ち込み、周囲もそういう私にどう対応していいのかわからない。このような悶々とした経験は、あとにも先にもこのときだけだ。しかし、主将として落ちこみ続けていたら、チームの士気にかかわるし、そのような迷惑をチームメイトにかけるのもまっぴらごめんである。

そこで、なにか気持ちを切り替えるきっかけをと思い、手にしたのが夏目漱石の『坊っちゃん』である。坊っちゃんに出会ったのは確か、小学三年生のころだと思う。坊っちゃんは、自分の価値観、正義感のもと、自身が感じたことを強力に自己表現するという気持ちのいい人物である。その気風《きっぷ》の良さはまさにヒーロー。競技では、日ごろの鍛錬の成果を一〇〇％自己表現できた者が勝者となれる。私が選手として選ばれなかった最大の原因は、自己表現がきちんとできなかったからであろう。私は強烈な自己表現が体現できる坊っちゃんに会いにいったのだ。久しぶりの坊っちゃんは、やはり気持ちよく、自由に動き回っていた。「人の視線を感じる前に、自分で考えろ！」、「恥ずかしがっている場合じゃない！」と説教されたような気がして、ふと、次に自分が成すべき道筋がみえてきた。結果として、全国高校駅伝でのチーム成績も三位入賞が果たせ、この点については主将としての役割を果たせたとほっとしたことをよく覚えている。

その後、大学に進学し、こりもせず、今度は箱根駅伝を目指す。自己表現の大事さを学んだ私は、順調に競技者として成長でき、箱根駅伝出場も果たせた。一方で、今の仕事につながる歴史学の勉強はなかなか進まない。いろいろな論文を読み漁るものの、そこから自分がどのような論を立て、実証すればいいのか、皆目見当がつかず、かなり焦っていた。そのときに出会ったのが司馬遼太郎の『街道をゆく』である。もともと、日本史が好きだった私は、中学生のころから歴史小説をよく読んでいた。そのなかで『坊っちゃん』の作者である夏目漱石も登場する司馬遼太郎の『坂の上の雲』を読んでから、なんとなく司馬作品に親しみを覚えていた。また、大学で本格的に日本史を学ぶ際、先生から「司馬作品で表現される司馬史観がそのまま史実だと認識しないように気をつけなさい」とわざわざ注意されたことから、ますます司馬作品に興味をもち、『街道をゆく』に出会ったのである。『街道をゆく』は、司馬氏が全国の街道、ときには海外の街道を実際に訪ね歩き、その地域の歴史ドラマに思いを馳せながら、自身の考えを示す構成となっている。ここには他者の意見ではない、司馬氏自身の意見がしっかりと述べられており、歴史を考える本来の楽しさが濃縮されている。そして、この時に気づいたのである。結局、自分で鍛え、自分で考え、そして自分で表現できなければ、道は開けてこないということを。

以後、私は文化財の保存修復技術者を経て、現在は「長い時間をかけて育まれた文化を受け継ぎ、次世代につなぐには？」という研究課題を考える研究者となっている。この課題を解くキーワードは「自らの実践力」。ここで紹介した本から学んだことである。

●ひだか・しんご　一九七一年、宮崎県生まれ。九四年、東海大学文学部史学科卒。同年、財団法人元興寺文化財研究所研究員。二〇〇二年、国立民族学博物館民族学研究部助手。現在、同館文化資源研究センター准教授。博士（文学）。二〇一一年の東日本大震災を始めとする被災地の現場に入り、文化財の保存修復に携わる。著作に『女乗物』（東海大学出版会／二〇〇八年刊）、編著に同名企画展の関連書籍として刊行した『記憶をつなぐ——津波災害と文化遺産』（千里文化財団／二〇一二年刊）がある。

『坊っちゃん』

主人公の坊っちゃんは曲がったことが大嫌い。数学教師として赴任した四国の中学校で、その教頭（あだ名は赤シャツ）が《奸物》（悪者の意味）と知る。《あの赤シャツがですか。ひどい奴《やつ》だ。どうもあのシャツは只《ただ》のシャツじゃないと思ってた》。坊っちゃんは同僚の山嵐と共に赤シャツを懲らしめる。《到底智慧比べで勝てる奴ではない。どうしても腕《わん》力《りょく》でなくっちゃ駄目《だめ》だ。成程世界に戦争は絶えない訳だ。個人でも、とどの詰《つま》りは腕力だ》。一九〇六（明治三九）年、雑誌「ホトトギス」に発表。日露戦争終結翌年のことである。

（夏目漱石著／新潮文庫／一九五〇年刊）

『街道をゆく』

作家・司馬遼太郎（一九二三〜九六）の紀行エッセイ。一九七一年より「週刊朝日」にて連載開始。連載は二五年間続き、文庫版全四三巻が刊行されている。公式サイト（http://publications.asahi.com/kaidou/）には全巻の案内、登場人物や地名の索引を収録した電子書籍（無償）へのリンクあり。日露戦争を舞台にした小説『坂の上の雲』（全七巻、文春文庫）には、主人公たち（俳人・正岡子規、海軍軍人・秋山真之《さねゆき》）の親友として漱石が登場する。漱石は主人公たちの故郷・愛媛県松山市で英語教師を務めていた。

（司馬遼太郎著／朝日文庫／二〇〇八年刊）

『猿丸幻視行』から『隠された十字架』へ

ミステリーの向こうに待っていた恐ろしくて夢中になる日本史

福田和代

もともと海外ミステリーとＳＦを読んでいたのが、高校の学校図書館で国産ミステリーと出会い、一時期、乱歩賞受賞作を手当たりしだいに読んだことがある。図書館司書か教師にミステリーのファンがいたのか、その学校図書館には受賞作がほとんどそろっており、毎年新しい作品も買い足されていた。

当時の乱歩賞受賞作は、なんらかの分野に詳しい知識を持つ作者の、情報小説が多かった（今もだいたいそうだ）。たとえば、『写楽殺人事件』を書いた高橋克彦は浮世絵の研究者で、『プラハからの道化たち』の高柳芳夫は外交官だった。『仮面法廷』の和久峻三は弁護士だ。

乱歩賞の受賞作品は、一冊読むとその背景に該博な知識と「読むべき本」が山のように横たわる作品群なのだった。おおいに知識欲を刺激されるミステリーばかりだった。

「芋づるをたぐるように次々と本を読む」スタイルを確立できたのは、この時期だったと思う。

そんななかで、井沢元彦の『猿丸幻視行』と出会ったのだ。この小説には梅原猛の『水底《みなそこ》の歌――柿本人麿論』という明確なネタ本があり、食指はそちらにも伸びた。比べてみると、『水底の歌』が提示した柿本人麿像に、作者が新しい視点をつけくわえたのが『猿丸幻視行』であることがわかった。

これをきっかけとして、私は梅原猛の著作にハマった。『水底の歌』『隠された十字架』『黄泉《よみ》の王《おおきみ》』――。「梅原日本学」とも呼ばれる、独創的でほかに類をみない日本史観は、くらい情念や怨恨を醸しだし、「百人一首でしか知らなかった柿本人麿に、そんな恐ろしい最期が待ちうけていたとは！」「聖徳太子や、法隆寺の仏像にそんな凄惨な意味がこめられていたとは！」と、地方の純朴な高校生を夢中にさせたのだった。

いま自分の著作に参考文献を掲載するとき、本来その必要がない書籍であっても、なるべく多くのタイトルを掲載するようにしている。ひとつには、知識を充実させてくれた本と著者への感謝の気持ちからであり、もうひとつは、小説を読み終えた方に「芋づる式読書」の足がかりを提示するためだ。本来は一冊ずつ、参考文献の読みどころを説明したいくらいだが、紙幅の都合でタイトルと著者名程度になってしまうのはお許しを願いたい。

なお、『水底の歌』が手に入りにくいようなので、『隠された十字架』を挙げることにした。日本史としては異端で批判も多いが、無類に面白いので未読の方にはお勧めしておく。

●ふくだ・かずよ　一九六七年、神戸市生まれ。九〇年、神戸大学工学部卒。金融機関のシステムエンジニアを経て、二〇〇七年、関西国際空港の内部を緻密に描いた航空サスペンス『ヴィズ・ゼロ』（青心社）でデビュー。翌年、首都圏大停電を題材とした『TOKYO BLACKOUT』（東京創元社）を刊行。『迎撃せよ』（角川文庫／二〇一三年刊）などのミリタリー・サスペンス、『ZONE』（角川春樹事務所／二〇一二年刊）などの警察小説をはじめ、意欲的に作品を発表し続ける。関西でビブリオバトルや書店めぐりツアーを主宰している。

『猿丸幻視行〔新装版〕』

現代の大学院生・明の意識だけが明治時代にタイムスリップ。同化《インカーネーション》した相手は青年・折《おり》口信夫《くちしのぶ》。のちに日本民俗学の巨人と呼ばれる男（歌人としての名は釈迢空《しやくちようくう》）。明の先祖は猿丸太夫《だゆう》。百人一首に「奥山に紅葉踏み分け鳴く鹿の声聞くときぞ秋は悲しき」が残る謎の歌人。この短歌は日本史の秘密を埋め込んだ暗号だった。大胆な推理でその謎を解いていく明＝折口は猿丸の里を訪ねるが、その目の前で友人が――。著者は一九五四年、愛知県生まれの歴史ミステリ作家。TBS報道局在職中の八〇年に本作で江戸川乱歩賞を受賞。

（井沢元彦著／講談社文庫／二〇〇七年刊）

『隠された十字架』

なぜ『日本書紀』には法隆寺の建造についてひと言も書かれていないのか。大胆な仮説によって解かれていく七つの謎。「はじめに」で著者は宣言する。《日本人が、千何百年もの間、信じ続けてきた法隆寺と太子像が、この本によって完全に崩壊する》。著者は一九二五年生まれの哲学者。京都大学哲学科卒。立命館大学教授、京都市立芸術大学学長、国際日本文化研究センター所長を歴任。九九年、文化勲章受章。梅原の『水底の歌――柿本人麿論』は、『猿丸幻視行』巻末の参考文献一覧で井沢元彦が筆頭に挙げている。

（梅原猛著／新潮文庫／一九八一年刊）

『後宮小説』から『イラハイ』へ

本を勧められるのは面倒だ

古田 靖

大好きな本はたくさんある。その大半は誰かに教えてもらったものだ。だから、本を勧められるのは嬉しいはずなのだが、じつは面倒だとも思っている。

中学一年のとき、文庫本をもらった。それほど親しいつもりのなかった同級生だったから、面食らった。「絶対気に入るよ」という相手の自信は完全に空回りで、ちっともピンとこなかった。気になる女の子だったら、思春期パワーでもう少しがんばれたかもしれない。でも相手は残念ながら男子だったから、すぐ投げ出した。感想を聞きたそうにする彼に申し訳ない反面、「どうしてそんな本を読ませたのか」とムカつく感情もわき、避けるようになってしまった。本がきっかけで人間関係に傷がつくことを学んだ。

そこそこおもしろくても、面倒はある。

高校の同級生が、推理小説フリークだった。まったく読んだことのないジャンルだと話したら、手元にあった一冊を貸してくれた。今回は女の子だったので張り切って最後まで読んだ。思っていたより、おもしろかった。前半の「思っていたより」は省いて伝えた。そうしたら翌日、その子は同じ作家の本を十数冊抱えてやってきた。「そこまで好きじゃない」とはもう言えなかった。

ものすごくおもしろい本ならいいのだろうか。そうとも言い切れない。

酒見賢一《さけみ》さんの『後宮小説』を読んだのは、妻に勧められたからだ。言葉の力を駆使してありえない展開をする奇想天外な物語が大好きなので、楽しく読んだ。

「おもしろかったでしょ」

自信ありげに聞かれ、反射的にこう答えてしまった。

「まあまあかな」

図星過ぎて、シャクだったからだ。続けて彼女の本棚から別の本を持ってくる気配を感じたので、適当な理由をつけて断った。酒見さんの次作を読むのはしばらく避けよう。仮想歴史小説に興味がわいたが、今は読むべきじゃない。すっごく気に入ったことがバレるのはなんだか嫌だ。

というわけで、本屋で手にとったのが佐藤哲也さんの『イラハイ』だった。ファンタジーノベル大賞という文学賞を受賞した作品で、『後宮小説』は第一回受賞作である。これは第五回受賞作。方向性はまったく違うのだけど、バカバカしさはこちらの方が好みで、素晴らしい傑作だと思った。今度はオレの番だ。

「これおもしろかったよ、読んでみたら？」

すると妻は、満面の笑みを浮かべて本棚から一冊の本を持ってきた。それは同じ『イラハイ』だった。

「おもしろかったでしょ」

というわけで本を勧められるのは面倒なのである。

●ふるた・やすし　ライター。一九六九年、愛知県生まれ。名古屋大学工学部電気学科中退。二〇〇五年、アホウドリの糞と死体と珊瑚でできた燐鉱石が高く売れ、税金無用の金持ち国家となった太平洋のナウル共和国のどこかゆったりとした「国難」を描いた『アホウドリの糞でできた国』を刊行。また、二〇一〇年には電子書籍レーベル「カナカナ書房」を立ち上げ、二〇一二年「電子雑誌トルタル」を創刊。近著に、その後のナウルを追加取材し大幅加筆した文庫版『アホウドリの糞でできた国——ナウル共和国物語』（アスペクト文庫／二〇一四年刊）がある。

『後宮小説』

天衣無縫の田舎娘・銀河。ひょんなことで、ある帝国(昔の中国っぽい架空の国)の王妃に。期待して入った後宮(王妃が住み女官たちが勤める、宮中の奥にある建物)は意外とショボい。話が違う、と思っていたら反乱が起きて……。一九九〇年には「雲のように風のように」の題でアニメ化。著者は福岡県生まれ。愛知大学卒業。八九年、本作で作家デビュー。九二年、『墨攻《ぼっこう》』(現在は文春文庫。以下いずれも現在収録のもの)、『陋巷《ろうこう》に在《あ》り』(新潮文庫)、『ピュタゴラスの旅』(集英社文庫)で中島敦記念賞受賞。二〇〇〇年、『周公旦《しゅうこうたん》』(文春文庫)で新田次郎文学賞受賞。戦国時代の中国を舞台にした『墨攻』は森秀樹の作画でコミック化(小学館文庫)、二〇〇六年には日中韓香港合作、アンディ・ラウ主演で映画化されている。

(酒見賢一著/新潮文庫/一九九三年刊)

『イラハイ』

一九九三年、新潮社より刊行。著者は六〇年、浜松市生まれ。成城大学法学部卒。文庫版の解説で文芸評論家の福田和也(慶應義塾大学環境情報学部教授)が次のように絶賛する。《私は、日本国の総理大臣、文部大臣をはじめ、中国の国務院やダライ・ラマ、クメール・ルージュまでの世界中のありとあらゆる文化、政治に影響力をもつ国家組織、またフランスの文芸アカデミーやイギリスの王立協会、ローマ・クラブ、地中海クラブ、プロレス屋台村といった有力な文化団体に『イラハイ』を評価するように呼びかけ——》。著者の妻にしてイラハイ国の国技「女房転がし」で自宅の池に放り込まれる佐藤亜紀(作家)は『バルタザールの遍歴』(文春文庫)で夫の二年前に日本ファンタジーノベル大賞を受賞。

(佐藤哲也著/新潮文庫/一九九六年刊)

『腹立半分日記』から『断腸亭日乗』へ

人の日記が面白いのは

堀 晃

『更級日記』や『土佐日記』など日記文学の名作は多いが、教科書でさわりを読まされる作品には興味がわかない。父は国語の教師で、書斎の書架には日本の古典から近代文学の全集がぎっしり並んでいたが、ほとんど読むことはなかった。

日記の面白さを知ったのは『腹立半分日記』……正確には、一九七四年暮れに雑誌に発表された「SF幼年期の中ごろ」の章を読んだ時だった。大阪でデザイン・スタジオをやりつつ、短編が掲載されはじめ、アニメのシナリオを手がけるなど、筒井さんの作家活動が本格的にスタートした「満三十歳」の日記である。私は高校時代から筒井さん主宰のSF同人誌「NULL」に参加していて、六四年に地方都市から大阪に出てきたから、当時の筒井さんを知っている。大学一年生の私には、その活躍は颯爽として、まばゆいばかりだった。だが、日記には作家生活への期待よりも、創作に時間のとれぬ焦燥、意に添わぬ注文への不満、理不尽な扱いに対する怒り、上京することへの不安がつづられている。それが私には自分のことのように実感できた。いや、これを読んだ時、私は三〇歳、やっと短編がSF誌に載りはじめた頃で、会社も多忙だったが、「二足のわらじ」を負担に感じるのがいかに甘っちょろいかを思い知らされた。

これがきっかけで日記に興味を持ち『断腸亭日乗』を読みはじめる。帰省するたびに父の書架から荷風全集の数冊を借りてきて断続的に読んだ。三九歳で起筆され八一歳の死の前日まで書き続けられた日記の凄みがわかりだしたのは四〇歳を過ぎてからのように思う。日々の天気や季節の花の描写は簡潔で格調高く、二二六事件の翌朝に現場に駆けつける(五八歳)など好奇心は衰えることなく、検閲が厳しい戦時下(六六歳)に「憲兵連絡者」という密告者の目を気にしつつも、家の鼠が急にいなくなったことにからめて「軍閥の威勢も衰る時来れば衰ふべし。その時早く来れかし」と明記するなど、その姿勢にぶれるところがない。「断腸亭」は愛読書のひとつとなり、岩波文庫「摘録」二冊を辞書や理科年表と並べて、同年の文豪が何を考えていたのか確認することが多い。日記は著者と同年齢で再読すると新発見がある。

私は今や荷風散人が浅草に通い「ロック座楽屋」を訪れ「アリゾナ」に飯す年齢に差しかかっている。

●ほり・あきら　作家。一九四四年、兵庫県生まれ。六一年、筒井康隆主宰のSF同人誌「NULL」に参加。六九年、大阪大学基礎工学部卒。七〇年、短編「イカルスの翼」が「SFマガジン」に掲載されデビュー(のち『太陽風交点』に収録)。八一年、『太陽風交点』(現在は徳間文庫に収録)で日本SF大賞受賞。八九年、『バビロニア・ウェーブ』(現在は創元SF文庫)で星雲賞(日本長編部門)を受賞。他の作品に、九六年にアスペクトから刊行したものを改稿文庫化した『遺跡の声』(創元SF文庫／二〇〇七年刊)ほかがある。

『腹立半分日記』

著者は一九三四年、大阪市生まれ。同志社大学文学部卒。六〇年、二六歳でSF同人誌「NULL」(ヌル)を創刊。六四年、大晦日の日記に《今年、いろんなことあり。一、三十歳になったこと。二、原稿料入りはじめたこと。／ひとりだけなら原稿料だけで生活していけそうである。来年東京へ行くのは、それを自分にわからせるためか》と書く。二〇一二年、七七歳にして初のライトノベル作品『ビアンカ・オーバースタディ』(講談社)を発表。

(筒井康隆著／文春文庫／一九九一年刊)

『摘録断腸亭日乗』

腸が弱かったから、その名は「断腸亭主人」。日乗の「乗」は記録の意味。永井荷風《かふう》は一八七九(明治一二)年、東京生まれ。東京外国語学校(現・東京外国語大学)清語科中退。アメリカ、フランスに外遊。一九一〇(明治四三)年、慶應義塾大学教授。文芸誌「三田《みた》文学」を創刊。『断腸亭日乗』は慶大教授を辞めたあと、一九一七(大正六)年から始まる。五九(昭和三四)年没。享年七九。ここで挙げるのは全七巻の『断腸亭日乗』を要約した上下巻の文庫版。

(永井荷風著／磯田光一編／岩波文庫／一九八七年刊)

『わが息子よ、君はどう生きるか』から
『最初の質問』へ

父から贈られた答え、父になっての問い

本城慎之介

「お子さんたちにどうなってほしいと思っていますか?」「どういう方針で子育てをしていますか?」 子どもが五人いて、これまでに各地のさまざまな年代の子どもたちと関わりを持ち、今は保育士として仕事をしているからだろう。たびたびそんな質問を受ける。幸せになってほしい、自分にとって幸せとはどういうことかを模索し続けてほしい、そう思っている。

きっと父もそう願っていたに違いない。高校一年生の秋、父から一冊の本が届いた。『わが息子よ、君はどう生きるか』、そのものずばりのタイトル。イギリスの政治家で文人のフィリップ・チェスターフィールドが、一八世紀に息子に書いた書簡集。僕は、その年の春から遠方の高校に進学し、親元を離れ寮生活をしていたので、父としても

思うところがあったのだろう。若い僕は、この本を何度も読み返した。赤いラインがいろいろな箇所に引かれている。一番最初のラインは《人を一番ひきつけるのも、残念ながら知識や見識ではなくて、その人の態度のようである》の箇所。改めて手にとってみると、この本に僕はかなり影響を受けていることを自覚する。なんだかまるでこの本をお手本にして、父の思惑通りに生きているようで少し悔しい思いもする。「そうじゃない。僕は僕なりに生きてきたんだ！」と反発したいのだが、この本を捨てられずに未だに本棚に並べているという紛《まぎ》れもない事実。「どう生きるか」というタイトルにもかかわらず、「こう生きろ」と答えが書いてあるこの本。十代半ばから二十代後半の僕に必要だったのは、「答え」だった。

　三〇歳の時、子どもが生まれた。僕も父になった。本屋に行くと、それまで足を踏み入れなかった絵本コーナーに立ち寄るようになった。我が子にどんな世界を知ってほしいか、どんなことを伝えたいかと自問自答しながら本を選ぶ。あるとき、大人の絵本コーナーのようなところに『最初の質問』が並んでいた。長田《おさだ》弘さんの言葉といせひでこさんの絵。それぞれの絵本は何冊か読んだことがあったが、この二人の組み合わせに出会うのは初めて。一冊で二人ぶんの世界と出会えるのは、絵本の魅力の一つである。手に取り、一つひとつ問いかけてくる絵と言葉とを受けとめていく。《問いと答えと、いまあなたにとって必要なのはどっちですか》。その言葉は、ブランコに乗る子どもの後ろ姿と共にあった。前に後ろに繰り返し動くブランコ。前に行くときにも、後ろに行くときにも一度低く下がる。その動きに自分の人生を重ねてみる。「いま必要なのは問いです」と、僕は答える。

父からの「答え」を頼りにしていた若い僕は、大人になるにつれて「問い」を求めるようになった。なぜか。答えを知るとその時点で思考が止まる自分に気がついた。わかったつもりになっているのだ。もっと深く悩み考え続けたい、そう今は思っている。

父は僕に答えを贈ってくれた。僕は子どもたちに問いを贈ろう。

●ほんじょう・しんのすけ　保育士。一九七二年、北海道音別町生まれ。九七年、慶應義塾大学大学院政策メディア研究科修士課程修了。同年二月、エム・ディー・エム(現在の楽天)創業に参加。のち副社長。二〇〇二年、副社長退任。二〇〇五年、楽天退社。同年四月、民間人校長公募に応募し横浜市立東山田中学校校長に就任。二〇〇七年、退職。二〇〇九年、園舎を持たない野外保育「森のようちえんぴっぴ」(長野県軽井沢町)スタッフとなる。

『わが息子よ、君はどう生きるか』

産業革命時代のイギリスで書かれた自己啓発書の古典。著者は一六九四年生まれの政治家。一七七三年没（その翌年に原著"Letters to his son"が刊行される）。オランダ駐在大使時代に現地女性との間に生まれた息子フィリップ・スタナップが、この本に書かれた手紙の受取人。初邦訳は一八七五（明治八）年刊の『智氏家訓』（全三巻、種玉堂）。本城さんが手にしたのは一九八八年刊の三笠書房版（現在は新装版）。同社からは『父から若き息子へ贈る「実りある人生の鍵」45章』の題で二〇一一年に文庫版も刊行されている。

（フィリップ・チェスターフィールド著／竹内均訳／三笠書房／二〇一三年刊）

『最初の質問』

詩人・長田弘は一九三九年、福島県生まれ。八二年『私の二十世紀書店』（現在はみすず書房より刊行）で毎日出版文化賞受賞。九〇年、詩集『心の中にもっている問題——詩人の父から子どもたちへの45篇の詩』（晶文社）で富田砕花賞受賞。二〇一五年没。画家・絵本作家のいせひでこは一九四九年、北海道生まれ。二〇〇七年『ルリユールおじさん』（現在は講談社より刊行）で講談社出版文化賞（絵本賞）受賞。なお、本城さんの文に登場するこの本に描かれたブランコは、公園にあるようなふつうのブランコではない（ぜひ書店で手にとってご確認を）。

（詩・長田弘／絵・いせひでこ／講談社／二〇一三年刊）

連続して読むと見えてくる「自由は、幸せなのか？」

真山 仁

二〇一五年夏、日本は珍しい熱にうなされた。安倍政権が成立を目指していた安保法案に、若者たちが異を唱え、法案反対と民主主義を守れ！　と国会議事堂前で連日訴えたのだ。

若者の政治の目覚めかと、マスコミも世間も彼らに釣られるように沸騰した。だが多くの若者が、民主主義や自由を正しく理解しないまま活動していることの方が私には気になった。

一七世紀にヨーロッパ各国で始まった市民革命を機に、国王や国家に隷属していた人民は、個の自由奪取のために戦い続けてきた。それが、二〇世紀に入り、万民の自由が達成されようとした時、一つの懐疑が生まれた。

自由は人を幸せにするのか――。

自由とは、人生の選択を自身の意志で決められることだが、言い換えれば、自分で決めなければ何も始まらないという意だ。誰も未来を保証してくれない。それはとても不安であり、不安定でもある。

たとえば、束縛はされるもののサラリーマンであり続ければ、生活の心配は不要だ。だが、会社を辞めた途端、明日からの生活の全てを自己責任で解決しなければならなくなる。それが自由のリスクなのだ。

つまり、自由を欲すれば、安心と安全を放棄する——という裏定理を自覚している日本人、特に若者は少ない。

自由の不安に耐えきれなくなった人は、自ら束縛と服従の身に戻りたいと欲するようになる。ナチスドイツの迫害から逃れたフロムは『自由からの逃走』で、人間の行動の根源にファシズムへの憧憬が秘められていると指摘した。

この憧憬は、二一世紀になっても続いている。例えば、社会の保守化の動きはその一現象だし、強いリーダーを待望する社会とは、自らの自由や選択ではなく、寄らば大樹の陰で安心を手に入れたい衝動と言える。

では、「自由から逃走」してしまったら、人間社会は全体主義のディストピアとなるのか。実はそんな単純なものではない。

その「解」を得るためには、「自由が存在しない状況」を探ってみればいい。そこで『蜜蜂の生活』である。著者のメーテルリンクは、自らが育てたミツバチの生態をつぶさに観察し、彼らの行動に法則を見つける。すなわち、全てのハチは、種を保存するために生きるようプログラムされている仕組みだ。

ハチには、考えて選択するという知能はない。ただ、環境や状況の変化によって自動的かつ必然的な選択を行っているだけだ。自由を謳歌し、選択する人間は多くの過ちを犯す。一方のミツバチはＤＮＡの命ずるままに自己犠牲に徹して未来に種を残そうとする。

この両書を連続して読んでいくと、我ら人間が求める自由の危うさと、ＤＮＡの決定を超越してこそ自由の意味があるという真理が見えてくる。

幸せなのはどちらか。それでも自由を叫ぶのか。そこまで突き詰めた上で、我々は民主主義を語らなければならない。民主主義とは、自由人が自らの未来を掛けて意見をぶつけ合い、落としどころを見つけ出すシステムだからだ。

●まやま・じん　作家。一九六二年、大阪府生まれ。八七年、同志社大学法学部政治学科卒。同年四月、中部読売新聞に入社し新聞記者となる。八九年退職。フリーライターを経て、二〇〇四年、『ハゲタカ』（現在は講談社文庫に収録）で作家デビュー。同作と『ハゲタカII（『バイアウト』改題）』は二〇〇七年にNHK土曜ドラマ（主演・大森南朋）の原作となり大きな話題となる。二〇一五年、阪神淡路大震災と東日本大震災を題材とした八年ぶりの書き下ろし小説『雨に泣いてる』（幻冬舎）を発表。最新刊は『当確師』（中央公論新社／二〇一五年一二月月内刊行予定）。

『自由からの逃走』

《マゾヒズム的人間は、外部的権威であろうと、内面化された良心あるいは心理的強制であろうと、ともかくそれらを主人とすることによって、決断するということから解放される。すなわち自分の運命に最後的な責任をもつということから、どのような決定をなすべきかという疑惑から解放される》。著者は一九〇〇年、ドイツ生まれの社会心理学者。三三年にアメリカに亡命。四一年に本書を刊行。世界各国で翻訳され、イギリスでは"Fear of Freedom"と改題された。

（エーリッヒ・フロム著／日高六郎訳／東京創元社／一九五一年刊）

『蜜蜂の生活』

《ある朝、待たれていた合言葉が巣箱中に広まると、おとなしかった働蜂は裁判官と死刑執行者に変貌する。誰がこの合言葉を発するのかはわからない。それは突如、働蜂の冷静で道理のある憤りから発せられるのだが、一糸乱れぬ統一国家の特質によって、ひとたび発せられるや全員の心にいきわたる》。二〇年にわたる観察を経て書かれた哲学的エッセイ。一九〇一年発表。童話『青い鳥』（〇八年）でも知られる著者は一八六二年、ベルギー生まれ。一九一一年、ノーベル文学賞受賞。

（モーリス・メーテルリンク著／山下知夫、橋本綱訳／工作舎／二〇〇〇年刊）

『ルパンの告白』から『強盗紳士』へ

何年もかけて短編集を繰り返し読む

藻谷浩介

今から四〇年以上前。どの小学校の図書室にも、シャーロック・ホームズと、怪人二十面相と、アルセーヌ・ルパンの、子供向けにリライトされた全集が、何十冊と並んで置いてあった。筆者もその一部をかじり読みしつつ、やがてそういう子供向けの世界から離れて成長していった。

そんな筆者が、大学時代に偶然、新潮文庫から出ていた短編集『ルパン傑作集(IX)ルパンの告白』を手にした。親の本棚で見つけたのか、どこかで買ったのか。忘れてしまったが、その文庫本はすっかり黄ばんでなお、手元にある。

本当に面白い本だった。今読み返してもそのたびに感動を禁じ得ない。訳者の堀口大學(フランス文学者かつ詩人)も、一九六一年と記された訳者あとがきの中で《(刊行の)半世紀後の今日なお声価を失わない最高の傑作集》と絶賛している。その後さらに半世紀が経過した今でも、この賛辞はそのまま生きていると言えよう。

何が面白いか。推理小説が黎明期にあった一九〇〇年代初頭に、ここまでオリジナリティーにあふれたトリックを連発していることはもちろんだが、それ以上に筆者は、各短編の設定のバリエーションの豊かさとプロットの展開の巧みさ、主役から脇役までのキャラの立ち具合、荒唐無稽な御伽噺《おとぎばなし》とも見える展開の中に盛られた哀愁と人生の真実に、うならざるを得なかったのである。いや、青二才の大学生だった当時、そこまで感じ取れていたわけではないだろう。しかしこの本の読後から、その後一〇〇年間に書かれた推理小説の多くが、トリックの奇抜さにこだわり過ぎて物語の深みを失った駄作に見え始めたことは間違いない。

筆者はこの世界の原点を知りたくなって、ルパン初出のシリーズ『ルパン傑作集(Ⅵ)強盗紳士』を買い求めた。子供向け全集では『怪盗紳士』という題名になっていたと記憶するが、少年時代の筆者はなぜかこの名前が心にしっくりこなくて、図書館では手にとらずにいたのである。

読んでわかったのは、ルパンシリーズは卓越した才覚と野心を持つ若者の、それゆえにかなわぬ恋と哀愁を描いた心理小説として始まったこと。そして、にもかかわらず最初から独創的なトリックの宝庫でもあったことだった。第一作「アルセーヌ・ルパンの逮捕」にしてからが、アガサ・クリスティーの最高傑作と言われる『アクロイド殺人事件』と同じトリックを、三〇年先駆けて使った作品だったのだ（さらにその後、『バーネット探偵社』の中の「バカラの勝負」が、『オリエント急行殺人事件』の元ネタであろうことにも気付いた）。そしてその事実を今に至るまでなぜか誰も指摘していないということが、合わせて私の脳裏に深く刻まれた。

以降三〇年、ルパンシリーズに盛り込まれたエッセンスは筆者の血肉となり人生の糧となっている。「真にオリジナルな作品は、推理小説、〇〇小説といった陳腐なジャンル分けを超越して書かれているゆえに、頭の中がタテ割になっている世の多数派にはきちんと理解されない。だが逆にいえば、世の理解、人の評価など、真価の前にはどうでもいいことだ」と、筆者は『強盗紳士』の読書体験から理解した。

以後三〇年あまり。自分以上の権威を認めず、世のルールを無視し、しかし自分で己に課した厳格なルールのためには命を賭けるルパン。弱き者たちや恋人でもない女性のために、全身全霊を尽くした末、まるで道化のように見返りなく去ってゆくルパン。傍観者めいたホームズやポワロとは違う、主体としてもがくその姿は、筆者の人生の師となり、ベンチマークとなってきた。筆者は実感している。長編の一読よりも、短編集の多年の再読こそが人生を変えるのだと。

●もたに・こうすけ　日本総合研究所調査部主席研究員。一九六四年、山口県生まれ。八八年、東京大学法学部卒。日本開発銀行（現・日本政策投資銀行）、米国コロンビア大学ビジネススクール留学、日本経済研究所などを経て現職。地域振興の仕事を長く続け、日本全国ほぼすべての市区町村を回り、年間五〇〇件の講演を行っている。NHK広島取材班との共著『里山資本主義』（角川oneテーマ21新書／二〇一三年刊）で新書大賞2014受賞。近著に、山下祐介（社会学者）ら七人との対話集『しなやかな日本列島のつくりかた』（新潮社／二〇一四年刊）がある。

『ルパンの告白』

《「ルパン、何か面白い話をしてくれないか」》で始まる新潮文庫「ルパン傑作集」の第九巻。原著は一九一三年、パリで刊行。ルブランは一八六四年、フランス北西部のルーアン生まれ。若い頃は作家としてヒット作が出せなかったが、一九〇六年から書き始めた短編集ルパンシリーズ（約五〇編）で大成功を納める。二一年、「国民的英雄ルパンの創造」によってレジヨン・ドヌール勲章（フランスの最高勲章）を受章。一九四一年没。

（モーリス・ルブラン著／堀口大學訳／新潮文庫／一九六一年刊）

『強盗紳士』

新潮文庫「ルパン傑作集」の第四巻。《『強盗紳士』は、一面また、ルパンの生い立ちの記であり、その青春記でもある》とあとがきに書く訳者・堀口大學は一八九二年、東京生まれの詩人、フランス文学者。慶應義塾大学中退。外交官の父と共に青春時代の十数年をメキシコ、南米、ヨーロッパで過ごす。訳詩集『月下の一群』（一九二五年刊）は日本の文学界に大きな影響を与え、八〇年代には漫画家・吉野朔実《さくみ》の作品にも表題として用いられている。

（モーリス・ルブラン著／堀口大學訳／新潮文庫／一九六〇年刊）

腑に落ちたのは一八年後「サボり学生」がひっかかった謎の一節

百々 徹

社会学部四回生の春、サボり学生だった僕は、一般教養科目をまだ取りこぼしていた。同じゼミだった勉強家のタニグチ君の薦めで、鷲田清一《きよかず》先生の「倫理学概論」を受けることにした。

この授業の初回で、僕の人生は大きく変わった。

それまで授業にもロクに出ず、バイトと遊びに明け暮れ、何となく就活を始めていた僕が、〝当たり前〟を疑うことの大切さ、学ぶことの面白さに目覚めてしまったのだ。その後、サボることなく前のめり気味に「倫理学概論」を受講し、無事に卒業できることになった僕は、内定していた会社を断り、鷲田先生のゼミに通うために、文学部哲学科に出戻ったのである。

鷲田先生の『モードの迷宮』を最初に読んだのは、その頃である。読んだといっても読破した訳ではない。わかるところをわかるように読み飛ばしていっただけ。ちなみに同じ時期に入手した『分散する理性』は、初めの数ページを開いただけで本棚行きとなった。

衣服を着るという人の行為に、様々な視点から疑問符をつけていく『モードの迷宮』に触れた僕は、「人が衣服を着るというのはどういうことか」という疑問に次第に憑かれるようになった。

《衣服は、その背後にある〈わたし〉の仮面でもなければ、その内部にある〈わたし〉の外皮なのでもない。衣服に対する〈わたし〉の関係は、〈わたし〉がその関係の外に立ちえないような関係である。〈わたし〉と衣服とは感染しあい、浸蝕しあっている》

そんな中でも、とりわけこの一節が引っかかった。仮面でなく外皮でなく、感染し浸蝕しあっている、とはどういうことか。

文学部を卒業した後、僕は神戸ファッション美術館に学芸員として勤めた。ファッションの美術館の学芸員として、服飾文化にまつわる数多の本を読んだ。服飾史やファッション論、デザイナーの伝記、民族衣装や身体加工にまつわる本、下着やネクタイや靴下や装身具の本、さらには写真集など。読み込んだものもあれば積読のものもあるが、どれもが〝着る〟や〝装う〟という人間ならではの〝当り前〟の行為について、新たな知見を僕に拓いてくれた。

二〇〇八年の秋、いつものように書店を物色中の僕の目に、「そんなに買って、着れるのか!」という文字が飛び込んできた。都築響一の『着倒れ方丈記』の帯だった。手に取ってページをめくるとどのページにも、お気に入りのブランドに身も心も財布も奪われた〝幸せな犠牲者〟達が、部屋いっぱいに拡がった夥《おびただ》しい数の衣服や靴やカバンのコレクションに囲まれて写っていた。まるで衣服は彼らの〈わたし〉の胞子のようだった。数多の衣服が拡げられた部屋には、彼らの〈わたし〉が満ちているようであり、また彼らはあたかも部屋をまとっているかのようでもあった。〈わたし〉と衣服と部屋が、感染しあっている、浸蝕しあっている、と僕は感じた。

この時に初めて、あの一節がようやく腑に落ちた気がした。最初に読んでから一八年後のことだった。

●もも・とおる　服飾文化研究者。京都造形芸術大学空間演出デザイン学科准教授。専門は服飾文化史、身体論。一九六七年、奈良県生まれ。九〇年、関西大学社会学部卒。九三年、関西大学文学部哲学科卒。二〇一三年、大阪大学大学院人間科学研究科修了。神戸ファッション美術館学芸員を経て現職。著書に『ファッション学のすべて』（共著、新書館／九八年）、『コスプレする社会　サブカルチャーの身体文化』（共著／せりか書房／二〇〇九年刊）がある。

『モードの迷宮』

日本で初めて哲学者がファッションを語った本。一九八九年、中央公論社（当時）刊。八七年から女性向けファッション誌「マリ・クレール」（中央公論社）に連載されたエッセイをまとめたもの。著者は四九年、京都市生まれの臨床哲学者。大阪大学総長、京都市立芸術大学学長などを歴任。二〇一三年四月から「せんだいメディアテーク」館長。八九年、本書および『分散する理性』（現在は『現象学の視線』に改題し講談社学術文庫）でサントリー学芸賞受賞。

（鷲田清一著／ちくま学芸文庫／一九九六年刊）

『着倒れ方丈記』

副題が「HAPPY VICTIMS」（幸福な犠牲者）。右ページに服や鞄や靴であふれた部屋の写真、左ページに文章（英訳と住人の一日のタイムスケジュール付き）で構成された写真集。一九九九～二〇〇六年、雑誌「流行通信」に連載。「方丈」は平安初期の歌人、鴨長明が暮らし、随筆『方丈記』の題とした一丈（約三メートル）四方の小さな部屋。著者は五六年、東京生まれの編集者・ライター。日本各地の変な風景を収録した『ROADSIDE JAPAN 珍日本紀行』（ちくま文庫）で木村伊兵衛賞受賞。

（都築響一著／青幻舎／二〇〇八年刊）

『女工哀史』から『わたしの「女工哀史」』へ

ブラック企業の源流を戦前の暗黒工場に探る

森岡孝二

『雇用身分社会』というタイトルの小著(岩波新書、二〇一五年一〇月刊)を準備する過程で、細井和喜蔵の『女工哀史』(岩波文庫)を読み直す機会があった。文庫版の第一刷は一九五四年に出て、二〇一五年四月に第六四刷が発行されている。一九二五年の改造社版から数えれば、実に九〇年も読み継がれてきたロングセラーである。

細井は一八九七年の生まれで、一九二五年に二八歳で急逝している。一介の若い労働者が自らの職場体験と実態調査を踏まえて書き上げ、戦前の悲惨な働かされ方の代名詞にもなった。このような本はほかにはない。現代のブラック企業の源流はここにあると思って読むと面白いこと請け合いである。

ブラック企業は、新卒入社間もない労働者を身心の限界を超えて働かせて使い潰すことで知られている。戦前でいえば、募集人を介して農村から集められた年少の女工たちを《散々こき使って健康な肉体を破壊してしまい、もう役に立たなくなればあたかも破れ草履《ぞうり》を棄てるがごとく、路傍に打すててかえりみない》のが『女工哀史』の工場であった。

現在のブラック企業では会社都合の解雇であっても、あの手この手で労働者の側から「自己都合退職」を申し出るように仕向ける。会社から解雇すれば多少とも手当てを出さねばならないが、自ら身を引く場合は面倒がないからである。『女工哀史』にもそっくり同じ手口が書かれている。その証拠に、男女の職工に対して上司はいう。《よっし、君が温順《おとな》しく止さなければ解雇しよう。その代わりに不都合な行為があって解雇したと各工場に通知するよ。もしここから黒表《こくひょう》（引用者注・ブラックリスト）を廻してみたまえ、どこへ行っても君は駄目だ。それに依願解雇なら、困った時再び入社も出来るが、不都合解雇では絶対にもうここへは入社出来ないからね。どっちでも君のいいようにするがいい》と。

『女工哀史』を読み終えた頃に、細井和喜蔵の妻で『女工哀史』の事実上の共作者であった高井としをの『わたしの「女工哀史」』が岩波文庫になって出た。一〇歳で紡績女工となり、労働運動のなかで和喜蔵と結ばれ、哀史の執筆を物心両面で支えたと聞き知って手にし、面白くて一気に読んだ。二人の共同生活は和喜蔵の死によって三年で終わったが、その間、彼女は工場で働いて生活費を稼ぎ、彼は家で原稿を書いた。『わたしの「女工哀史」』のなかにも、和喜蔵が妻のとしをに《今日、書いたとこ、これどやろな、まちがってへんだろか、これでいいやろか》と意見を求めたという行《くだり》がある。

彼女は、和喜蔵と死別したあと、労働組合活動家と再婚し、関西に移り住む。その夫も戦後ほどなく亡くなり、彼女は日雇い労働者として働き、五人の子どもを育て、労働組合を組織し、委員長も務めた。愛あり闘いありの生涯は、底抜けに明るく面白い。

ブラック企業の源流を探るなかでこの本と出会ったことは思わぬ収穫であった。

●もりおか・こうじ　経済学者。関西大学名誉教授。一九四四年、大分県生まれ。六六年、香川大学経済学部卒。六九年、京都大学大学院経済学研究科博士課程退学。経済学博士(京都大学)。八三～二〇一四年、関西大学経済学部教授。早くから過労死問題に取り組み、現在は過労死防止センター代表幹事、大阪過労死問題連絡会会長、NPO法人・働き方ASU-NET代表理事を務める。『就職とは何か――《まともな働き方》の条件』(岩波新書、二〇一一年刊)、『働きすぎの時代』(同、二〇〇五年刊)ほか著作多数。

『女工哀史』

大正期の女工（工場で働く女性労働者）の労働環境を詳しく調べた本。著者は当初は「ふつうの労働者」だった。本書の冒頭にこうある。《私がこの記録を書こうと思ったのは余程《よほど》後年になってからのことであって、初めの程《ほど》は唯《た》だ漫然と職工生活を通って来たに過ぎない。言葉をかえて言えば社会制度や工場組織や人生に対して何の批評眼ももたぬ、ほとんど思想のない、一個の平凡な奴隷として多勢の仲間と一緒に働いていたのであった》。労働運動に参加し、仕事を失い、病を得た細井はとしをと上京し《石に噛《かじ》りついてもこれを纏《まと》めようと決心し、いよいよ大正十二年の七月に起稿して飢餓に怯《おび》えつつ妻の生活に寄生して前半を書いた。そこへ、あの大震災がやって来たのである》。死者行方不明者一六万人を超える関東大震災のことである。

（細井和喜蔵著／岩波文庫／二〇〇九年刊）

『わたしの「女工哀史」』

高井としをの自伝。一九八〇年、草土文化刊。著者は一九〇二（明治三五）年、岐阜県生まれ。東京モスリン亀戸《かめいど》工場で働いていた一九歳のとき、知人の紹介で病気療養中の細井和喜蔵（当時二四歳）と出会う。としをは見舞に花を持参した。《「めずらしい花ですね。これは洋風の花だ。あなたは女工らしくないハイカラさんだ」》と和喜蔵。としをの第一印象は《病弱で会社を首切られ、その日の生活にも困っているお気の毒な人だったので、その時から私はなにかしてあげたいと思いました》。但し、旧民法では三〇歳未満の男、二五歳未満の女は、戸主《こしゅ》（旧民法下における一家の統括者のこと）の同意なしに結婚できず、二人は法的には夫婦ではなかったため、としをは、大ベストセラーとなった『女工哀史』の印税を受け取ることはできなかった。

（高井としを著／岩波文庫／二〇一五年刊）

怒りと苛立ちの中 一枚の風景画が手がかりをくれた

山内宏泰

二〇一一（平成二三）年三月一一日、東北地方太平洋沖地震が発生し、一連の災は東日本大震災と名付けられた。そしてあの日以来、人々は浅薄にも「想定外、未曾有、千年に一度」という不適切な言葉を使用し続けている。

三陸沿岸部における近世以降の大津波襲来頻度は平均約四〇年に一回であり、その都度甚大な被害を受けてきたことは紛れもない史実である。中でも一八九六（明治二九）年に発生した三陸大津波は人類史上最大級の津波災害であり、約二万二〇〇〇人が亡くなっている。また一九三三（昭和八）年の三陸津波では、死者、行方不明者数が三〇〇〇人を越えている。しかし、その後二〇一一年に至るまで一般にそれらの史実は忘れ去られていた、と言わざるを得ない。

私には拭いきれない感情がある。それは怒りである。大きな犠牲を払って得たはずの過去の被災経験、先人が残した記録、記憶が活かされなかった、そのことに対する怒りである。勿論、その怒りの矛先は私自身にも向けられている。

二〇〇六(平成一八)年、私は自身が勤める美術館で明治三陸大津波の記録を紹介する特別展を企画開催した。三陸沿岸部が津波常襲地帯であることを深く認識していた私は、その事実の一般普及に努めた。しかし差し迫った危機を語る私を、危機意識の低い者たちはまるで誇大妄想狂のように扱い、真摯に向き合ってくれる者はごく少数だった。そしてあの日が訪れた。

「なぜ人は忘れ去るのか、それは単に時間経過による忘却ではないはず、忘れようとしたからに違いない」、この仮説に対する答えを求め、震災発生直後、私は怒りとともに改めて『津浪と村』を読んだ。人はどうしても目先の利益、利便性を優先してしまう……私の仮説は正しかった。

「なぜもっと未来のことを考えられないのか!」、そのような苛立ちだけが残り一年が過ぎた翌年の三月、私は出張先の愛知県で、ある画家が描いたヴェネツィアの風景に出会った。ヴェネツィアはアックア・アルタという高潮現象により、毎年決まった時期に大規模冠水する。そんな環境で人々はどうやって生きてきたのか、猛烈に興味が湧いた。瞬間的な閃きを得た私はすぐに関連文献をかき集め『ヴェネツィアと水』を手にすることになった。

　同書には、水際に生き繁栄を極めた民の価値観、熟成された国家思想と法制度が、歴史的成功例として示されている。ヴェネツィア人は千年間、高潮と河川からの土砂流入という危機に晒されてきたが、災厄の根絶ではなく環境との共存を求め、絶え間ない試行錯誤を重ねてきた。個人の利益追求を許さず、子孫の繁栄を第一とし、全ての恵みをもたらす海《ラグーナ》を絶対的共有財産として守り抜いたのだ。

　そう遠くない未来、三陸沿岸部に再び大津波が襲来する日が来るだろう。そんな未来を私は守りたい。そのためには先人が残した知恵を受け継ぎ、進化させなければならない。ゆえに私は感性を磨き、想像力を働かせ、次の本との遭遇に備えている。

●やまうち・ひろやす　美術館学芸員。一九七一年、宮城県生まれ。九四年、宮城教育大学中学校美術教員養成課程卒。同年、宮城県気仙沼市のリアス・アーク美術館学芸員に就任。現在、同館主任学芸員。二〇一一年、東日本大震災で被災後、同館の常設展「東日本大震災の記録と津波の災害史」、特別企画展「震災と表現 Box Art 共有するためのメタファー」の展示と図録編集に携わる。著作に、明治三陸津波を題材とし、山内ヒロヤス名義で書かれた『砂の城』（近代文芸社／二〇〇八年刊）がある。

『津浪と村』

三陸海岸を歩き、住民たちから話を聞いて書かれた津浪（津波）の歴史と復興研究の本。一九四三（昭和一八）年刊行。著者は一九〇二（明治三五）年、福島県会津地方生まれ。中学校教師を経て東北地方の研究家に。地理学に加え、次第に民俗学の方法を取り入れていく。師匠の柳田国男（民俗学者）の勧めで、一般向けに本書を著す。五三年、東北地方農村生活研究所を創設。のち理学博士。二〇〇〇年没。本書は二〇一一年、東日本大震災発災から三カ月後に復刻刊行された。

（山口弥一郎著／石井正己、川島秀一編／三弥井書店／二〇一一年刊）

『ヴェネツィアと水』

ラグーナ（自然がつくった細長い堤によって外海から遮断された遠浅の内海）の上に建つ国際貿易都市ヴェネツィア（ベネチア、ベニス）。その歴史は、高潮や河が運ぶ土砂との闘いの記録でもある。副題は「環境と人間の歴史」。原著は一九九五年にイタリアで小冊子として刊行。大幅に加筆された増補版が九六年にフランス、九七年にドイツで刊行された。著者は四四年、南イタリア生まれ。ローマ大学文学部教授。イタリア農業史、環境史の研究者。

（ピエロ・ベヴィラックワ著／北村暁夫訳／岩波書店／二〇〇八年刊）

『聖書』から『ブッダのことば』へ

小説に引用されている言葉から「往復運動」がはじまった

山折哲雄

「次へ」の順序は、あるいは『ブッダのことば』から『聖書』へ、だったかもしれない。私は寺に生まれたから、「ブッダのことば」は子どものころから父親の口を通して、耳にタコができるほどきかされていた。それだからだろう。色気づくころになると「ブッダのことば」には飽きくしていた。いくらきかされても、耳から耳に抜け出ていった。

そんな退屈な生活から脱出するために、私はいつしか小説をむさぼり読むようになっていた。ひとかどの文学少年になっていたのだ。やがて外国の小説にも手を出すようになり、中学生になったころは明けても暮れてもドストエフスキーというありさまになったが、その彼の小説の中によく引用されているのが「聖書」の言葉だった。それが機縁となって『聖書』を読み始めるようになったのだが、そのうち世界が一変するような衝撃を受けた。旧約聖書の「ノアの方舟」や「ソドムとゴモラ」の物語にふれて驚かされ、新約聖書に出てくる「貧しき者は幸《さいわい》なり」というイエスのことばを読んで、からだの震えをおぼえたのである。それとともに、それならブッダの生活はどうだったのか、イエスとどう違うのか、といった疑問がどんどん大きくふくらんでいった。『ブッダのことば』を手にとってから「次の本」の『聖書』へ、そして『聖書』を読んでから「次の本」の『ブッダのことば』へと往復運動がはじまった。そのうちイエスの死に方とブッダの死に方のあいだに、天と地ほどの違いがあることに気づいた。イエスは三〇歳で、イスラエルのゴルゴダの丘で十字架にかかって殺されていた。それにたいしてブッダは八〇歳の長寿を全《まっと》うし、大地に横たわってこの世を去っているではないか。

イエスは三〇歳で悲劇的な死に方をしている。どうしてそんなことになったのか。ブッダは八〇歳で幸運な、そして静かな姿で死についている。どうしてそういうことになったのか。イエスの死に方とキリスト教の世界は深い関係があるかもしれない。そしてブッダの死に方と仏教の歴史のあいだにも切り離せない連関があるのだろうと思うようになった。

そんな疑問を抱えこんで考えこんでいるうちに、後年になってからだが、イスラエルに旅してイエスの足跡を追い、インドに旅してブッダの道を歩くようになったのである。

●やまおり・てつお　宗教学者。一九三一年、サンフランシスコ生まれ。三七年に帰国。四三年、岩手県花巻市に疎開。五四年、東北大学文学部印度哲学科卒。国立歴史民俗博物館教授、国際日本文化研究センター教授、同センター所長などを歴任。『仏教とは何か』（中公新書／一九九三年刊）、『親鸞をよむ』（岩波新書／二〇〇七年刊）ほか著作多数。近著に東日本大震災被災地のお地蔵さん寄贈運動から生まれた絵本『おじぞうさんは いつでも』（講談社／二〇一五年／画家・永田萠との共作）がある。

『聖書』

旧約聖書と新約聖書の総称（旧約は古い契約、新約は新しい契約の意味）。ユダヤ教正典でもある旧約は、「創世記」から始まる五つの「律法」、イザヤ書などの「預言書」、その他の「諸書」で構成。新約はマタイ（イエスの弟子。以下同）らの「福音書」（イエスの生涯の記録）、ペトロらの記録を中心とした「使徒言行録」、「ローマ人への手紙」ほかパウロの手紙群、ヤコブらの手紙、ヨハネの「黙示録」。ここでは現在日本での定番とされる「新共同訳」（カトリック教会とプロテスタント書協会の協同事業訳）を挙げる。

（共同訳聖書実行委員会訳／日本聖書協会／一九八七年刊）

『ブッダのことば』

仏教最古の経典。原題は「スッタニパータ」。スッタは「経糸《たていと》」（「経」には「永遠に変わらない道」という意味がある）、ニパータは「集めてひとつにまとめる」の意味。仏教の開祖ゴータマ・ブッダ（釈尊、釈迦）のことばを弟子たちが詩のかたちにしたものが基礎となっている。なお、研究書から図説、超訳まで「ブッダ（仏陀、お釈迦さま）のことば（言葉）」「スッタニパータ」を冠した本は数多い。ここでは一九五八年以来のロングセラーである岩波文庫版を挙げる。

（中村元訳／岩波文庫／一九八四年刊）

『本格小説』から『嵐が丘』へ

似た物語を読み、作者の狂気を知る

山崎ナオコーラ

水村美苗《みなえ》さんの『本格小説』を私が読んだのは、すでに社会人として十数年過ごしたあとのことだった。でも、若い人がこの究極の恋愛長編小説に出会ったら、あのときの私以上に夢中になってページをめくるに違いない。

私自身は若いときに『本格小説』を手に取れなかったわけだが、それは仰々しいタイトルに気後れしたというのもあったし、「『本格小説』は、エミリー・ブロンテの『嵐が丘』を元にして書かれた」ということは知っていて、不勉強で『嵐が丘』をまだ読んでいなかったから、という理由もあった。

しかし、あるとき、人に勧められて『本格小説』の表紙を開いた。上巻の半分辺りまではゆっくり読んでいたが、そのあとはラストまで一気読みだった。いわゆる「恋愛小説」だ。物語は難解ではない。構造は複雑だが、登場人物の設定や場面の描き方はわざと類型的にしてある。子ども時代から一途《いちず》にヒロインを思い続ける主人公は、少女マンガに親しんだことのある者にとっては馴染み易い。ただ、描かれるのは大人の世界だ。どの人物も国家というものの影を帯びている。どうしてこういう人物造型になっているのか、と考えるうちに、当時のアメリカと日本の関係について思考することになる。また、主人公はヒロインのために(と思い込んで)金《かね》をかき集めるのだが、仕事をするとはどういうことか、金儲けとはどういうものなのか、ということにも考えが及ぶ。おそらく、実際にアメリカと日本との間で揺れ動きながら育った作者が、この物語に固執《こしつ》していかに描くか取り組んだとき、自然とこのようなことを書かざるを得なくなったのだろうと思われた。

　あまりにも『本格小説』に感動した私は、その勢いで『嵐が丘』も読んだ。「現代小説の礎を築いた」と言われる大傑作だ。『本格小説』と違うのは(『嵐が丘』の方がずっと先に書かれているので「違う」というのもおかしいが)、少女の妄想のすごさで物語を引っ張っていくところだ(執筆時作者はアラサーだったのだが、どう読んでも「少女」っぽい)。同じように主人公が金儲けをする。でも、どうやって金を得たのかまったくわからない。主人公とヒロインの妄執のすさまじさに圧倒される。ただ、子どものまま大人になったような状況に見える。と言っても、当たり前だが、『本格小説』よりも、『嵐が丘』が文学として劣っているわけではない。やっぱり、『嵐が丘』はすごい。この物語が書きたくて書きたくてたまらなかったという作家の情熱が、すべての文章から溢れている。

私が思ったのは、物語や構造は発明することに意義があるわけではないということだ。作家は発明家とは違う。どれだけその物語や構造を作家自身が必要としているか、物語に固執してどれだけ狂って文章を綴れるか、というところが問題になる。

似た物語を続けて読むと、作家の情念が浮き彫りになったように感じた。

●やまざき・なおこーら　作家。一九七八年、福岡県生まれ。二〇〇四年「人のセックスを笑うな」で第四一回文藝賞受賞(同作は二〇〇八年に松山ケンイチ、永作博美主演で映画化)。主な作品に『昼田とハッコウ』(講談社文庫[上下巻])、『カツラ美容室別室』『ニキの屈辱』(いずれも現在は河出文庫に収録)など。近著に『ネンレイズム／開かれた食器棚』(河出書房新社／二〇一五年刊)がある。

『本格小説』

上巻を開いてすぐ、三枝《さえぐさ》家と重光家の家系図がある。その中でただ一人、夫婦でも親子でもない男、東《あずま》太郎。重光家の娘よう子との恋と別れ。再会のとき、東はアメリカで成功を果たした復讐者として現れる。著者は上巻の半ば近くまでを使い、この物語が生まれた経緯を綴り、最後にこう書く。《東太郎という名は実名である》。日本企業の駐在員であった父とともに一二歳で渡米した著者は、イエール大学大学院博士課程修了後に帰国。のち再渡米してプリンストン大学ほかで日本近代文学の教員を務めた。九〇年、夏目漱石の遺作にして未完の物語『明暗《めいあん》』の続編として書いた『続 明暗』(現在はちくま文庫)でデビュー。二〇〇三年、本作で読売文学賞を受賞。

(水村美苗著/新潮文庫[上下巻]/二〇〇五年刊)

『嵐が丘』

上巻を開くと、アーンショウ家とリントン家の家系図。舞台はイギリスの寒村。嵐が丘に立つアーンショウ家に拾われた孤児の名はヒースクリフ。その家の娘キャサリンとの恋。だが、アーンショウ家主人の死と共に、孤児は虐げられ、恋した女はリントン家の息子のものとなる。失踪し、大金持ちになって三年後に戻ってきた男はリントン家の娘を強引に妻とし、二つの家族への復讐を始めるが……。訳者は「解説」にこう書く。《小説が、道徳や慣習を教えるものではなく、人間のいわば実存を探究するものとして読まれる時代が来たのである》《『嵐が丘』はまさにその種の代表的な作品になる》。著者は一八四七年、二九歳で本作を発表。

(エミリー・ブロンテ著/小野寺健訳/光文社古典新訳文庫[上下巻]/二〇一〇年刊)

『万延元年のフットボール』から『オバケのQ太郎』へ

出会い損ねたオバケを思い出させた登場人物の変な名前

山本昭宏

小学生の頃、確か五年生だっただろうか、図工の時間に木製のテープカッターを工作したことがある。各自、彫刻刀とペンキを使って側面を思い思いに造形していく。迷った挙句、「オバケのQ太郎」を描くことにした。低学年の頃にテレビの再放送で観てからずっと好きなキャラクターだったし、線が少なくて簡単そうだったからだ。「次の本へ」と聞いて、まず頭に浮かんだのは、この時のテープカッターだった。

当時、『オバケのQ太郎』は絶版状態だった。田舎町には古書店がなく、自宅にはインターネットもないため、小学生が読もうと思っても入手できなかった。こうしてマンガ『オバケのQ太郎』と出会い損ねた小学生は、大学生になって、「オバQ」への思いを再燃させることになる。きっかけは、大江健三郎の『万延《まんえん》元年のフットボール』だった。

大学生になって始めたホテルでのバイトは、拘束時間が長かったが、そのぶん仲間と様々な話を楽しんだ。本の話になることもあり、その時に先輩に勧められたのが、大江健三郎の初期作品だった。多くの大江ファンと同様、小説のなかに自分自身を発見して、のめりこんでいった。時間だけはあったし、京都には古書店も多かった。それに図書館なら無料だ。世評の高い『万延元年のフットボール』を手に取ったのもこの頃だった。読後、「この小説には世界のすべてが書かれている！」と一人で吠えた。

ストーリーや文体もそうだが、特に強い印象を受けたのは、登場人物の名前だった。「蜜三郎」や「鷹四」、「ジン」というような名前だ。大江の初期小説は「僕」や「私」という一人称が多かっただけに、それらの奇妙な名前を面白く感じた。思えば、小説の登場人物に「普通の」名前を付けなければいけないという決まりはない。そして、主人公の兄で、物語内ではすでに死んでいる「S次」という名前に当たったとき、不意に「Q太郎」という文字が頭に浮かんだ。文芸評論家の江藤淳が、大江のネーミングについて「現実と乖離している」と批判していたというのを後になって知ったが、子どもの頃からポピュラー文化に囲まれてきた身にとっては、「蜜三郎」でも「S次」でも「Q太郎」でも、名前は何でも良いのだった。さらに、これは後付けだが、両作品は「霊」というモチーフも共通していた。

本というのは奇妙に繋がっていくもので、『万延元年のフットボール』を読んでから数日後、京都の寺町通りにある古書店の店頭ワゴンで『オバケのQ太郎』を見つけた。カバーのない、日焼けが目立つコミックスの第五巻、一〇〇円だった。どのコマにも雑味と温かみがあり、どのエピソードもゆかいだ。おもむろに開いたページを眺めているだけで、心が安らぐ。世界の問題をすべて背負ったような大江健三郎の小説とは真逆だが、全然違うからこそ、自分にとって重要な二冊になったのだろう。

Q太郎のテープカッターは、いまも実家の飾り棚に置かれている。

●やまもと・あきひろ　日本近現代文化史、歴史社会学の研究者。一九八四年、奈良県生まれ。二〇〇七年、京都大学文学部卒。二〇一二年、京都大学大学院文学研究科博士課程修了。博士(文学)。日本学術振興会特別研究員を経て、神戸市外国語大学専任講師。著書に『核エネルギー言説の戦後史1945-1960――「被爆の記憶」と「原子力の夢」』(人文書院、二〇一二年刊)。近著に『核と日本人――ヒロシマ・ゴジラ・フクシマ』(中公新書／二〇一五年刊)がある。

『万延元年のフットボール』

一九六七年発表の長編小説。万延元年（一八六〇年）は桜田門外の変で大老井伊直弼が暗殺された年だが、本書の舞台は戦後高度成長期。幕末に一揆が起きた四国のある村で若い住職が言う。《S次さんの行動には、万延元年を頭において決断しているとしか思えない節があったんだよ。僕が万延元年と一九四五年夏を結びつけるのは単に牽強附会とだけはいえないと思うよ》。蜜三郎と鷹四の兄弟は、一揆首謀者の末裔だった。著者は三五年生まれの小説家。東京大学在学中に書いた『飼育』で五八年に芥川賞受賞。九四年にノーベル文学賞受賞。なお、筒井康隆によるパロディー作品に井伊直弼の首を武士たちが奪い合う「万延元年のラグビー」（七六年刊、新潮文庫『将軍が目醒めた時』収録）がある。

（大江健三郎著／講談社文芸文庫／一九八八年刊）

『オバケのQ太郎』

一九六四年「週刊少年サンデー」で連載開始（現在は「てんとう虫コミックス」版が入手可能）。六五年、七一年（タイトルは「新オバケのQ太郎」）、八五年（「藤子不二雄劇場　オバケのQ太郎」）と三度テレビアニメ化。主題歌の出だしは「Q、Q、Q、オバケのQ」→「あのねQ太郎はネ、頭に毛が三本しかないんだよ」→「QQQ、QQQ、Question, Question, 君は誰」と変遷。連載時は藤本弘と安孫子素雄《あびこもとお》の共同執筆ペンネーム「藤子不二雄」で描かれていた。八七年に藤本は藤子・F・不二雄（三三年生まれ、九六年没）、安孫子は藤子不二雄Ⓐ（三四年生まれ）として独立。藤本の代表作は『ドラえもん』『パーマン』ほか。我孫子の代表作は『忍者ハットリくん』『怪物くん』ほか。

（藤子・F・不二雄、藤子不二雄Ⓐ著／小学館／二〇一五年刊）

正しい「次の本」に出会うことの大切さ

山本博文

大学生に入った年の夏、私はエドガー・スノーの『中国の赤い星』を読んだ。高校時代の世界史の先生が推薦してくれたのだが、受験勉強で忙しく、読んでいなかったからだ。この本は、アメリカ人ジャーナリストが書いた日中戦争の頃の中国共産党のルポルタージュである。国民党軍の圧迫に押されて「長征」を行い、日本軍の侵略に対して国民党と抗日民族戦線を結成して戦う中国共産党の英雄的な戦いが描かれていた。

もうすでに中国では文化大革命が終わり、復権した毛沢東を背景に「四人組」が権力を握っていた頃だった。この本を読んで感動していた私は、彼は本物の革命家だと信じ、心情的にはいつも毛沢東寄りだった。これはA新聞なども同じで、彼の旗振り役を演ずる者はまだ多かった。

その後、文学部進学にあたって専攻を決める際、中国現代史も候補の一つではあったが、中国語は第三外国語としてしか学んでおらず、結局、日本史を専攻することにした。その後も中国政治に興味は持っていたが、文学部時代の紛争の経験から、大衆はいつも正しいとは思わなくなっていた。

そして、それから三〇年近くたったある日、ユン・チアンの『マオ 誰も知らなかった毛沢東』に出会った。久しぶりの毛沢東本であり、この著者の『ワイルド・スワン』というノンフィクションを読んで感銘を受けていたから、大部な本ではあったがすぐに読んでみた。

それは衝撃の体験だった。三〇年の間に、毛沢東に対する評価はずいぶん変化し、文革も彼の権力欲だったことが常識になっていた。しかし、毛が、これほどまでに冷酷非情で恐ろしい人間だったとは思っていなかった。政敵を抹殺するのはまだ理解できるが、毛は、味方であろうと中国の民衆であろうと、すべて自分の都合のままに死なせても、まったく意に介さない人物だった。エドガー・スノーは、毛に騙されていた、あるいはそれを知りながら毛のスポークスマンとして行動していたのである。

しかも、たとえば西安事件は、中国の主導権を握ろうとする張学良の野望から起こったものだったという意外な指摘もあった。毛は蒋介石が死ぬことを望んでいたが、日本の攻撃の矛先がソ連に向かわないようにするためスターリンの強い指導のもとで抗日民族統一戦線が結成されたのだという。上海事変も、国民党内部にいた共産党スパイの挑発によって起こったものだったらしい。結局のところ、私が学んできた「正統」な日本近代史の理解はほとんどすべて誤解だったのである。これを読んでから、日本近代史の本の読み方がずいぶん変わった。

最初の本で形作られた歴史観が、三〇年後に接した「次の本」ですべてくつがえってしまう——本にはそれだけの力がある。私が「次の本」に出会わなければ、大きな誤解をしたまま生きていくことになっただろう。まず「一冊目」を読むことも大事だが、正しい「次の本」に出会うことはそれ以上に大事なのである。

●やまもと・ひろふみ　歴史学者。一九五七年、岡山県生まれ。八〇年、東京大学文学部国史学専修課程。八二年、同大学院人文科学研究科修士課程修了(国史学)。同年、東京大学史料編纂所に。二〇〇一年、同編纂所教授。二〇一〇年より東京大学大学院情報学環教授を兼任。文学博士。九二年、『江戸お留守居役の日記』(現在は講談社学術文庫に収録)で日本エッセイスト・クラブ賞受賞。長年、中学・高校の教科書執筆に携わる。『歴史をつかむ技法』(新潮新書、二〇一三年刊)ほか著作多数。近著に『東大流よみなおし日本史講義』(ＰＨＰ研究所／二〇一五年刊)がある。

『中国の赤い星』

一九三七年、ロンドンで刊行(日本では五二年に筑摩書房から完全版が初刊行)。著者は〇五年生まれ。二八年に上海に渡る。上海事変(三二年、三七年に起きた日中両軍の戦闘)、西安事件(三六年。張学良らによる蔣介石監禁事件。共産党が介入し、内戦状態にあった中国の諸勢力が結集するきっかけになる)、長征(国民党軍の包囲から逃れようと中国共産党が行った約一万二〇〇〇キロメートルの大行軍)を含む一三年間を中国で過ごし、毛沢東と毛が率いる紅軍(共産党軍)を取材する。七二年に没した際、周恩来(当時の中華人民共和国首相)はスノーの妻に《彼は、毛沢東主席指導下の中国の革命闘争と中国労農紅軍の二万五千里の長征を、アメリカ人民、その他の人民に熱情こめて紹介した》と弔電を送った。

(エドガー・スノー著/松岡洋子訳/ちくま学芸文庫[上下巻]/一九九五年刊)

『マオ 誰も知らなかった毛沢東』

二〇〇五年、イギリスで刊行。三二章に《毛沢東は、エドガー・スノーと『中国の赤い星』がもたらしたPRの大成功を再現したいと考えていた》という一文がある。ユン・チアンは一九五二年、中華人民共和国四川省生まれ。七八年にイギリスに留学。八二年に中華人民共和国からの留学生として、初めての博士号(言語学)を取得。ハリデイはユンの夫で歴史学者。九一年にイギリスで刊行された『ワイルド・スワン』(九三年邦訳。現在は講談社文庫に収録)は、二〇世紀中国の激動の歴史を祖母、母、自身を軸に描いたノンフィクション。文化大革命(文革。六六~七六年、中国を大混乱に陥らせた政治闘争運動。毛沢東の対抗勢力であった劉少奇らが失権し、毛の妻・江青らのグループ「四人組」が権力を得た)の実態が描かれている。

(ユン・チアン、ジョン・ハリデイ著/土屋京子訳/講談社[上下巻]/二〇〇五年刊)

一冊目で謎は解けていたから実家にあった小説に出会えた

マイカ・ルブテ

UFOとか宇宙人とか、エスカレートして怪奇現象など、一般的に「実態のないもの」にのめり込むほど、周りからは白い目で見られるもの。たとえそれが生命や愛に関する穏やかな思想だったとしても、毎朝毎晩、次々と押し寄せる忙しい現実でせいいっぱいだから。

『アミ 小さな宇宙人』を手にしたのは、レコーディングの現場で出会った大先輩のミュージシャンから勧められたのがきっかけだった。「本当の話なのかは分からないけど、これが本当のことだとしたら、素敵なことだと思う」という、彼女の一言と共に。

わざわざ冒頭に〝この本はおとぎ話です。大人は読まないでください〟という意味の宣言文がある。この童話のような顔をした不思議な物語の中で、一〇歳の主人公ペドゥリート(著者の幼少期とされる)は、夏休みにアミという小さな宇宙人に出会う。ペドゥリートはUFOに乗せられて、あどけなくも叡智《えいち》に富んだアミによって語られる、宇宙人業界での「愛」について、「宇宙から見た地球と人間の生」について、知られざる様々な真実を学んでいく。

実際に自分の目でUFOや宇宙人を見たことはない私でも、この本を読み進めていくうちに、単なるおとぎ話やSFでは片付けられない何かが気になり始めた。地球滅亡とか、人類救済とか、アミが語るスケールの大きなテーマは、遠い世界のお話とは思えないことばかりだった。私たちの現実世界と密接に繋がっている気がしたのだ。不思議な感覚に包まれた。

もしも、仮に、これが本当の話だとしたら？

宙に飛びそうな意識を必死に地上へ引き戻して、片足だけスピリチュアルな世界に漂わせていた私。それから数年後、実家に転がっていた三島由紀夫の長編作品『美しい星』と出会う。

母が二十代の頃に買った文庫本だった。日本で三島作品を愛読していた母と、一方パリで仏語翻訳版を読み漁っていた父。この二人が後に出会うのだった（ロマンスをお聞かせしたい訳ではないのだけど……）。国境を越えた文学が、言語の通じない二人を近づけた。雑にいうと、お陰様で今私がここにいるという話にもなりうる。年季の入った文庫本は大切に保管されながらも、家では誰が読んでもいい事になっていた。

核による地球崩壊の危機から人類を救うために地球に送り込まれた宇宙人（という意識に目覚めた）一家と、不完全な人類を滅ぼして地球丸ごと浄化するという使命を別の天体から授かった（と信じて疑わない）冴えない姿の〝自称〟宇宙人の男たち。両者がそれぞれに思い描く、地球という「美しい星」をめぐる対立と対話。

登場人物たちの宇宙への憧れは、時に盲目的にも見える。著者は彼らにとっての正義を冷静に捉えているようで、明らかに前者を「善」として、後者を「悪」として描いている。しかも、誰が見ても一目で分かるようなやり方で。それが意味することは何だろう？

ＵＦＯや宇宙人が登場して、発行当時は三島ファンですら困惑したという本作だけど、アミのおかげであらゆる箇所の鍵が解かれて、ＳＦというヴェールの向こう側の無数のメッセージにたどり着けたような気がしたのだった。

世の中には、白黒はっきりさせることのできない何かがたくさんある。空想なのか本当のことなのか、よく分からないけど、そのグレーゾーンにどっぷりと浸かるのが楽しいのです。

「思考では、愛を味わうことはできない。」（『アミ　小さな宇宙人』より）

●まいか・るぶて　シンガーソングライター。一九八九年生まれ。幼少期から十代まで日本、パリ、香港で育つ。一三歳より作詞作曲、宅録(自宅でのレコーディング)を独学。二〇〇九年、エレクトロユニット「EA(エア)」を結成。小山田圭吾、菊地成孔(なるよし)、鈴木慶一、高野寛(ひろし)ら実力派ミュージシャンと共演・客演を重ねる。二〇一三年より本格的にソロ活動を開始。二〇一四年、ファーストアルバム「100(momo)」を発売。二〇一五年、7インチレコード作品「Hyper Active EP」を発売。イオン、ジョージア(日本コカ・コーラ)などCM音楽も手がける。

『アミ 小さな宇宙人』

著者はチリ生まれの作家。一九八六年にチリで本書を刊行。のち一一カ国語に翻訳される世界的ベストセラーとなり、日本でも二〇〇〇年に刊行される。文庫版カバーと本文のイラスト、そして《私は、良い宇宙人がでてくる本を捜していた》と書く解説は『ちびまる子ちゃん』のさくらももこ。

(エンリケ・バリオス著／石原彰二訳／徳間文庫／二〇〇五年刊)

『美しい星』

原爆投下と敗戦から一七年後の一九六二年に「新潮」に連載、同年に書籍化。当時、純文学の作家が、宇宙人や空飛ぶ円盤が出てくるSFの手法を用いることは《大丈夫なのかと心配》(文芸評論家・奥野健男による文庫解説)される出来事だった。三島はこの八年後に割腹自殺する。

(三島由紀夫著／新潮文庫／一九六七年刊)

『書斎探訪』から『書斎の宇宙』へ

スタートは「資料探し」そこから熱が冷めなくなって

和合亮一

孤独と向き合わなければ、なかなか物を書こうという気持ちにはならない。書斎で今、たった一人なのだとはっきりと感じ入った時、初めてこんこんと静かに湧きあがって来るものがある。積極的にそうなるために、私はこの場所にやって来るのだ。テレビや雑誌の取材などを時折にお受けすると、ぜひ書斎でさせていただきたいという依頼をいただく。あるいは友人を家に招いたりすると、時に見せてほしいと頼まれる。テーブルや椅子、小さめのソファー、パソコンなど執筆をするための家具と道具の他に、本棚があるというぐらいである。どこにでもあるたたずまいに見えると思うのだが、個人的にはとても気に入っている。窓からはありふれた近所の家と庭が、そして遠くには吾妻連峰が見える……。そんなことをお話すると、相手の方は興味深げにうなずいてくれるのだが、本当に面白いと思っているのだろうかと内心は不安だ。

どんな書斎がそもそも私には必要なのか。想いや憧れを、自分なりにまとめてみたいと思うようになった。資料が欲しい。書店の棚に見つける。その名もずばり『書斎探訪』。作家、詩人、俳優、デザイナー、シェフなど二〇人。人物のロングインタビューと部屋の写真。整理整頓されている現場もあれば、撮影などお構いなしに何もかもが散乱している場合もある。それぞれの暮らしぶりが丹念に伝えられている。

特に心が惹かれたのは、詩人吉増《よします》剛造《ごうぞう》さんだ。昔からお付き合いさせていただいている人となりが、室内の空気として伝わってくる。壁や畳や調度品の静かな呼吸のようなものが聞こえてくる気がする。詩を生む時間の濃度そのものが、一人の生き方が投影されている。この見えない影が重要なのだ。それぞれの頁のまなざしの先にそれを感じた。

熱は冷めない。図書館や本屋をめぐり、書斎に関連する本を探してみると実にたくさんある。「探訪」というキーワードに続く一冊として目を引いた書名は『書斎の宇宙』である。室生《むろう》犀星《さいせい》、内田《うちだ》百閒《ひやくけん》など近代の文学者から谷川俊太郎や小川洋子など現在の詩人や作家などが綴った、書斎から身近な文具に至るエッセイが五九篇も収められている。果たして、どうして「宇宙」なのだろうか。

机、万年筆、原稿用紙など、相当のこだわりが皆から感じられる。自らの個室や道具への愛情を注ぎこみ、細かく目を配るようにして文章を手がけているのがそれぞれに良く分かる。書き手たちは一つひとつの存在を、あたかも星と見立てて夜空を眺めるようにして、そこに人生の何かを見出そうとしている。その人物にしか分からない消費と生産の循環がある。小さな箱に渦巻く大きな世界。なるほどそれと譬《たと》えるのに相応しい。

今度の休日にでも我が書斎の風景に新しい何かを加えてみようかしら。本から顔をあげて、しばし孤独と隣り合わせて、構想を練ってみる。広い宇宙を探訪するようにして。

●わごう・りょういち　詩人、国語教師。一九六八年、福島県生まれ。福島大学教育学部卒。同大学院を修了し、高校教師となる。九八年、第一詩集『AFTER』(思潮社)を発表(翌年に中原中也賞受賞)。二〇〇六年、第四詩集『地球頭脳詩篇』(思潮社)で晩翠賞受賞。二〇一一年三月、東日本大震災発災直後からTwitterにて「詩の礫」と題した連作を発表し続ける。同年六月、これらの作品や対談を収録した『詩の礫』(徳間書店)、『詩の黙礼』(新潮社)、『詩の邂逅』(朝日新聞出版)を同時刊行。同年五月には遠藤ミチロウ(パンクロッカー。福島県出身)、大友良英(音楽プロデューサー。遠藤の福島高校の後輩)らと「プロジェクトFUKUSHIMA!」を発足。同年八月に音楽イベントを開催。近著に『木にたずねよ』(明石書店/二〇一五年刊)がある。

『書斎探訪』

作家、俳優、シェフ、映画監督からユネスコ前事務局長まで、のべ二〇人の書斎を訪ね、写真を撮影し、インタビューした本。雑誌「男の隠れ家」(発行・グローバルプラネット、発売・朝日新聞出版)で四年間連載されたものを集成。《執筆するときは正座がもっともいい》と畳の書斎で語る吉増剛造は一九三九年生まれ。現代日本を代表する詩人。写真や映像とのコラボレーション、詩の朗読パフォーマンスの先駆者でもある。詩作に向かう文机《ライティング・ビューロー》はひじょうに小さい。《詩人は小さなライティング・ビューローでいいんですよ。猫の額のような大きさで(笑)》。本書の著者は四七年生まれの作家。フランス料理に関する多くの著作があり、本書の姉妹編となる『書斎の達人』(河出書房新社/二〇〇八年刊)に登場する二三人の中には、ソムリエの名もある。

(宇田川悟著/河出書房新社/二〇一二年刊)

『書斎の宇宙』

文庫オリジナル版。副題は「文学者の愛した机と文具たち」。五九人が書いた書斎に関するエッセイを集めた本。机そのもの、机の上にあるもの、原稿用紙と筆記具、机の周辺にあるもの……と、その内容は多岐に渡る。室生犀星は一八八九年、金沢市生まれ。《ふるさとは遠きにありて思ふもの》(「小景異情」)で知られる抒情詩人、小説家。内田百閒は室生と同年生まれ。岡山市出身の随筆家、小説家。夏目漱石の弟子。代表作に《なんにも用事がないけれど、汽車に乗って大阪へ行って来ようと思う》と鉄道に乗ることだけを目的にした紀行文『阿房《あほう》列車』がある。本書を編んだ高橋は一九四六年生まれの編集者。創元社を経てフリー編集者に。『古書往来』(みずのわ出版/二〇〇九年刊)ほか、本にまつわる多くの著作、編著作がある。

(高橋輝次編/ちくま文庫/二〇一三年刊)

「次の本」に出合うきっかけ別インデックス

人

友だち、先輩の影響

バイト先の先輩に勧められて……203
クラスメート（異性）に勧められて……163
クラスメート（同性）に勧められてしまって……162

家族や親戚の影響

母が二十代の頃に買った本が実家に転がっていて……211
父と母がそれぞれ若い頃に読んでいた本だと知って……211
後輩からもらった本の話をしたら、父が「読んでみようかな」と言ったので……35
実家を出て暮らし始めたとき父から本を贈られて……170
死んだ父が昔読んでいたらしい本だと知って……36
妻に勧められて……163
自分に子どもが産まれて、わが子にどんな本を読んでほしいかと考えて……171

家族でも先輩でもない「大人の人」の影響

一冊目に書かれていた課題に取り組む人と仕事をすることになって……140
知人の兄が気になるジャンルの本を書いたと知って……88
大学の先生に注意して読めと言われかえって気になって……156

好きな著者、気になる著者ができて……

面白いと思った著者の本を次々に読んでみた……142
一冊目に引用されていた本を読み、その作者の作品にはまって……15

好きな「登場人物」ができて
一冊目の本の著者の妻が書いた本が出たと知って……187
一冊目の登場人物に影響を与えた人間に興味が湧いて……148
ある小説の主人公が生きた時代のことを詳しく知りたくなって……59

場所

書店で
「もう一度考え直さなくては」と思っていたら本屋でそのタイトルが目に入った……132
学生に大事なことを伝えるにはどうすればいいかと考えていたら、本屋でタイトルが目にとまった……39
アマゾンの「おすすめ」で知って……104
現場に出かけて
旅先が著者の出身地と知って……46
旅先でスーツケースに入っていたもう一冊だったので……135
訪ねた先で、その地について書かれた本を読む……という方法を知って……56
旅先で一枚のコピーを手に入れ、そのオリジナルを読みたくなって……59
好きな小説家が暮らしていた街が舞台になっていたので……155

文章

タイトル（書名）やフレーズを手がかりに……
ある本を読んで、以前読んだ本に出てきたことばを思い出して……99
一冊目で引用されていた文がかっこいいと思って……112
中学生の頃に読んだ小説によく引用されていたので……194
登場人物の名前の付け方が一冊目と同じように変だったので……203

好きな一冊と対照的なタイトルの本があると知って……83
書名に「宇宙」とあったのが気になって……215

こころ

もっと知りたくなって

一冊目に書かれていた謎が解けそうな気がして……184
一冊目で書かれていた問題について、新しく研究された本があると知って……20
一冊目で世界史に興味を持ったら、世界の広がりにも興味が湧いて……51
一冊目に出てきたミュージシャンが書いた本を読みたくなって……123
一冊目に出てくる怪鳥を調べようと古書店に行って……127
一冊目のテーマに関連するほかの本も読んでみたくなったら……143
一冊目を読んで「人間についてもっと知りたい」と思ったので……135
学生と一緒に仕事をして「ヤバイ」と思ったので……38
書斎についての資料が欲しくなって……215
気になるジャンルができて、その話を人としていたら……23
気になるジャンルができて、そのことを頭の隅に置いていたら……23
興味を持った出来事がもっと詳しく書かれている本があると知って……103
中国現代史に興味があったので……207

オリジナルへの興味

一冊目の元ネタになった本だと知って……198

違う考え方をしてみる

「自由とは何か」を考えるために「自由が存在しない状況」を探ってみる……176
その本が「自分探しの本」ばかり読んでいた自分を客観的にしてくれて……27
むずかしい問題を楽しく考えるには「人」に興味を持つことだと気がついて……71
生きていくためには、夢だけでなく具体的な方法が必要だと考えて……91

面白い物語の背景には「歴史の裏側」があるから面白いのだと気がついて……151
なぜか頭に浮かんで
一冊目を読んでいたらチェス盤が頭に浮かんで……119

本、雑誌、マンガ、映画

一冊目の本の中に手がかりが
好きな作家の日記が面白くて、父の本棚にあった他の作家の日記を読んでみた……167
著者の前作が面白かったので……207
連作短篇シリーズの原点が知りたくなって……179
面白いミステリの参考文献だと知って……159
本が「二冊」だからできること
それぞれの本の主人公の死に方がまるで違うと気がついて……195
新聞がきっかけ
新聞を読んでわからなかったことを、わかりやすく書いているものが読みたくて……55
マンガがきっかけ
マンガに出てきた詩が忘れられなくて……75
絵がきっかけ
出張先で見た風景画に描かれた街を見て閃いて……191
テレビドラマがきっかけ
気になる人物を妻の側から描くドラマの原作が読みたくなって……47
映画がきっかけ
好きな女優のポスターが欲しかったので……42

時間

時間差攻撃

ある本を読んだら、もう読み終わっていた本の面白さに気づかされて……………32
ある本を読んで感じた「さわやかさ」が、以前読んだ本に出てきたと思い出して……………67
以前は素通りしていた本だったけれど、二冊目を読んでその意味に気がついて……………95
たまたま手にした本に書かれていることが、以前読んだ一冊目にも書かれていると気づいて……………108

分野

興味を持ったジャンル（分野）ができたら

同じ著者やジャンル、テーマの本を読み重ねていく……………62
ジャンルをまたいで思考や情報のリンクをつなげていく……………62
一冊目と同じテーマを持った本が連鎖反応のようにつながっていって……………114

人名索引(愛称、グループ名、架空の生命体を含む)

欧文

EA(エア) 213
FCバルセロナ 93
Q太郎 202-205
SPEED 125
S次 203, 205

あ

アーンショウ家 201
青柳瑞穂 137
赤川次郎 42, 45
赤シャツ 157
赤塚不二夫 110
秋山真之 157
秋吉美都 29
(香坂)明 161
芥川龍之介 51, 79
アクロイド(,ロジャー) 180
東太郎 201
アップダイク(,ジョン) 103
安孫子素雄 205
阿部知二 52
あまちゃん 43, 45
天野アキ 45
天野雄之 17
アミ 210-212
鮎川信夫 94-97
荒俣宏 127, 129
アリス 126, 129
アリ,モハメッド 147-149
安藤太郎 29
(フランク,)アンネ 114, 115, 117
安野モヨコ 73

い

飯塚浩二 51, 52
飯塚信雄 145
井伊直弼 205
イーヨー 81
イエス 195, 196
井川博年 77
池内了 20
イザヤ 196
井沢元彦 159, 161
石井一男 96
石井正己 193
石井桃子 116
石川直樹 87, 89
石毛弓 25
石田光規 28
石原彰二 213
石原慎太郎 151
石原吉郎 94
いせひでこ 171, 173
磯田光一 168
板坂元 15
一寸法師 20
伊藤一彦 83-85
伊藤恭彦 65
井上雄彦 73
井上達夫 63-65
茨木のり子 23, 25, 95-97

う

ヴィダル=ドゥ=ラブラーシュ 51, 52
ヴェスプッチ,アメリゴ 145
ウェブスター,エドナ 119, 121
ウェルズ,H.G 50, 52
ヴォイチェホフスカ,マヤ 114, 116
宇田川悟 217
宇田川妙子 109
内田百閒 215, 217
冲方丁 32
梅棹忠夫 56
梅原猛 159, 161
浦野光人 37
浦本昌紀 21

え

江川卓 78, 81
江藤淳 203
エリクソン,スティーヴ 113
エリザベス一世 143, 145
エンゲルス,フリードリッヒ 45
円堂都司昭 125
遠藤英樹 124
遠藤ミチロウ 216

お

大泉大介 40
大内兵衛 45
大江健三郎 79, 81, 202-205
大江慎也 123, 125
大岡信 97
大島弓子 75
大城立裕 37
オースター,ポール 103, 113
大空翼 90, 93
大武ユキ 93
大友俊 44
大友良英 216
大西久美 76, 77
大森南朋 177
大山くまお 125
大山康晴(大山名人) 16
岡田憲治 39, 41
オカダ,ジョン 58-61
岡田善登 59
岡室美奈子 45
小川洋子 215
奥野健男 213
小熊英二 71, 73
小椋佳 151
長田弘 171, 173
小野寺和夫 145
小野寺健 201
小山田圭吾 213
折口信夫 161
オンシアター自由劇場 150, 153

か

怪人二十面相 178
怪物くん 205
賀川浩 52
柿本人麿 159, 161

カスパロフ, ガルリ　120
加藤新一　59, 61
加藤諦三　29
加藤正文　57
角岡伸彦　132, 133
カフカ　79
鴨長明　185
カレーニナ, アンナ　83
川井龍介　60
川口昌人　64
川崎洋　97
川島秀一　193
河原忠彦　145
神田道夫　89
かんべむさし　68

き

菊地成孔　213
北村暁夫　193
北杜夫　110, 112, 113
北山研二　121
鬼太郎　46, 48
ギデンズ, アンソニー　27, 29
木下是雄　17
金益見　73
木村浩　25
(アーンショウ／リントン,)キャサリン　201
(ホワイト,)キャリー　33
キャロル,ルイス　126, 127, 129
キャンベル, ジョーゼフ　33
共同訳聖書実行委員会　196
清野由美　76
桐野夏生　80
キルケゴール(,セーレン)　102
銀河　165
王欣太(きんぐ・ごんた)　73
キング, スティーヴン　31, 33
キング牧師　148
金水敏　45

く

具恩恵　98-100
グールド,スティーヴン・ジェイ　18, 19, 21
クォン・デ　71-73
久坂部羊　80
串田和美　153
楠誓英　84
楠見清　89
宮藤官九郎　45
工藤啓　92
くぼたのぞみ　101
隈研吾　76
クリスティー, アガサ　180
栗原裕一郎　125
クレイ, カシアス　146, 147, 149
黒木亮　54, 57

け

ゲド　116

こ

鴻上尚史　41
江青　209
神戸の劇団ヴィンテージ　152
コエーリョ, パウロ　107-109
ゴータマ・ブッダ　196
小島信夫　113
ゴジラ　204
ゴダイゴ　43
後藤正治　96
小日向文世　153
小松﨑健郎　125
コロンブス(,クリストファー)　52
近藤滋　141

さ

才吉　69
最相葉月　100
斎藤茂吉　113
斎藤憐　150, 153
三枝家　201
酒井得元　69
堺雅人　85
坂口緑　104
坂元良江　117
向坂逸郎　45
さくらももこ　213
酒見賢一　163, 165
佐々木マキ　129
笹野高史　153
佐藤亜紀　165
佐藤哲也　163, 165
佐野淳也　109
サルトル(,ジャン=ポール)　137
猿丸太夫　161
サローヤン[サロイヤン], ウイリアム　111-113
沢木耕太郎　151, 153
沢木興道　67, 69
沢木興道老師全伝編纂会　69
サン=テグジュペリ　34, 37
サンデル, マイケル　63, 65

し

ジウ　152
シェークスピア[シェイクスピア](,ウイリアム)　43, 150
シェファード, ベン　100
重光家　201
シネアス　137
ジバコ　110
柴田文明　93
柴田元幸　103, 105, 113
司馬遼太郎　155-157
島尾敏雄　79
島薗進　20
島田とみ　77
島田誠　96
清水博　141
清水眞砂子　116
シム・ソンボ　98
釈迦 [釈尊]　196
釈迢空　161
シャルボニエ, ジョルジュ　120, 121
周恩来　209
自由劇場　153
周公旦　165
シューホフ　24
蒋介石　207, 209
聖徳太子　159
ジョンソン(,リンドン)　33
ジン　203
ジンギスカン　50, 52
真保裕一　80
親鸞　196

す

鈴鹿ひろ美　45

鈴木慶一 213
スターリン(,ヨシフ)
23, 64, 207
スタナップ,フィリップ 173
ストラーテン,ペーター・ファン
117
スナフキン 41
スノー,エドガー
206, 207, 209

せ
(カミングス,) セーラ 76
関楠生 145
関谷滋 117

そ
蘇我要 77
ソルジェニーツィン,アレクサンドル・イサエヴィチ 23, 25

た
第三舞台 41
ダイベック,スチュアート
103, 105, 113
平清盛 118, 121
高井としを 187-189
高神覺昇 37
鷹四 203, 205
高野寛 213
高橋和巳 79
高橋克彦 158
高橋輝次 217
高橋秀樹 57
高橋幹保 93
高橋陽一 93
高村薫 79
高柳芳夫 158
高山宏 129
竹内均 173
竹宮惠子 43
太宰治 75, 79
多田雄幸 153
立花和夫 90, 93
立花兄弟 90, 93
立花政夫 90, 93
田中和雄 25
田中ゆかり 45
谷川俊太郎 97, 215
タニグチ君 182
谷崎潤一郎 75
玉井史絵 128
田村義進 33
田村隆一 97
ダライ・ラマ 165
断腸亭主人 168

ち
チアン,ユン 207, 209
チェスターフィールド,フィリップ
170, 173
張学良 207, 209
趙治勲 153
チンギス・ハン 50, 52
チン,フランク 61

つ
ツヴァイク,シュテファン
142, 145
柘植伊佐夫 121
辻泉 124
土屋京子 209
土屋貴哉 88
土屋智哉 88, 89
筒井淳也 29
筒井康隆 166, 168, 205
都築響一 184, 185
綱本武雄 57
鶴見俊輔 81

て
デ・パルマ,ブライアン 33
デュシャン,マルセル
120, 121
寺田鴻 21
寺田寅彦 19
寺山修司 87, 89

と
東京クルセイド 93
どくとるマンボウ 110, 113
ドストエフスキー(,フョードル・ミハイロヴィチ) 78, 79, 81, 194
戸田郁子 98, 101
飛田茂雄 33
トマス,キース 128
ドラえもん 205
トルストイ,レフ・ニコラエビッチ
83-85, 102
トレス,ホセ 147-149
ドン・ガバチョ 78

な
内藤濯 37
永井荷風 167, 168
永井豪 73
永井純一 124
中上健次 79
永作博美 200
中島俊郎 128
永田萠 196
永松伸吾 132
中村元 196
中山元 63
中山容 61
長與善郎 51, 52
梨木香歩 99
ナダール 87
夏目鏡子 69
夏目漱石 51, 67, 69, 75, 79,
154, 155, 157, 201, 217
(ボナパルト,)ナポレオン 145
成松哲 125

に
ニキ 200
西田亮介 92
西脇エミ 136
新田忍 77
忍者ハットリくん 205

ね
念波 141

の
ノア 194
能年玲奈 45
ノーチェ 117
野口悠紀雄 144
野坂悦子 117
野中香方子 21
野村進 149
(ペトロワ,)ノンナ 76

は

バーネット(,ジム) 180
パーマン 205
俳優座 153
パウロ 196
萩尾望都 75
橋本綱 177
長谷川四郎 117
長谷部文雄 52
ハッコウ 200
花の二四年組 75, 77
浜本武雄 149
速水健朗 125
原久一郎 85
バリオス,エンリケ 213
ハリデイ,ジョン 209
パンフィリウス 83, 85
半村良 42, 45

ひ

ビアンカ(北町) 168
ヒースクリフ 201
ヒース,ミープ 115, 117
(ザ・)ビートルズ 123
東野圭吾 80
樋口真嗣 121
菱田信也 152
日高真吾 157
日高六郎 177
ピリュウス 137
昼田 200
ピンチョン(,トマス) 113

ふ

フィッツジェラルド(,F・スコット) 103
フーシェ,ジョゼフ 142, 145
フォンセーカ,イザベル 101
深町眞理子 117
吹石一恵 48
福田和也 165
福田和代 160
ブコウスキー,チャールズ 104
藤子・F・不二雄 205
藤子不二雄 205
藤子不二雄Ⓐ 205
富士祥夫 57
藤村有弘 78
藤本和子 121
藤本弘 205
ブッダ 194-196
(中西)ふみ子 68
プラトン 65
フランコ 115, 117
古田靖 164
フレーザー,ロナルド 117
ブレット,ジェレミー 43
ブローディガン[ブローティガン](,リチャード) 103, 119-121
フロム,エーリッヒ 175, 177
プロレス屋台村 165
ブロンテ,エミリー 198, 201

へ

ベヴィラックワ,ピエロ 193
ベック,ウルリッヒ 29
ヘッセ(,ヘルマン) 102
別役実 129, 152
ペドゥリート 210
ペトロ 196
ベラー(,ロバート・N) 103,105
ペルフロム,エルス 117
ペントランド,アレックス 65

ほ

ホイットフィールド,ジョン 21
ボーヴォワール 135, 137
ホームズ,シャーロック 43, 178, 180
星新一 100
星野道夫 107-109
細井和喜蔵 186-189
ホックシールド,アーリー・ラッセル 104
坊っちゃん 154, 155, 157
堀晃 168
堀口大學 178, 181
ポワロ(,エルキュール) 180
本城慎之介 172

ま

マクニール,ウィリアム・H 65
マクベス 150
正岡子規 157
正岡まどか 153
マゼラン 142, 145
マタイ 196
松岡譲 69
松岡洋子 209
マツカ(,ジョナ) 44
松下奈緒 48
松原泰道 37
松山ケンイチ 200
マドンナ 152, 153
真山仁 177
眉村卓 42, 45
マルクス(,カール) 45
まる子 213
マルコ・ポーロ 52
マルコムX[マルカムX] 148, 149

み

三浦和義 151
三浦朱門 112, 113
三島由紀夫 75, 79, 211, 213
水木しげる 46-48
水野美紀 48
水村美苗 198, 201
(徳川/水戸)光圀 32
蜜三郎 203, 205
南田勝也 124
宮部みゆき 80
ミューア,ジョン 89
ミルハウザー,スティーヴン 113

む

ムーミン 137
ムーラッド 111, 113
村上春樹 103
武良茂 48
武良布枝 47, 48
室生犀星 215, 217

め

メイラー,ノーマン 147
メーテルリンク,モーリス 176, 177
メリー・スチュアート 142, 143, 145

も

モイヤーズ,ビル 33

毛沢東 206, 207, 209
藻谷浩介 181
本川達雄 20, 21
百々徹 185
森旭彦 48
森鷗外 79
森岡孝二 188
森川義信 97
森達也 72, 73
森秀樹 165
森村誠一 42, 45

や

八木重吉 74, 76, 77
薬師丸ひろ子 42-45
ヤコブ 196
柳宗理 87, 89
柳田国男 193
柳与志夫 48
ヤバ研 141
山嵐 157
山内宏泰[山内ヒロヤス] 193
山折哲雄 196
山川亜希子 109
山川紘矢 109
山岸涼子 75, 77
山口瞳 15, 17
山口弥一郎 193
山崎ナオコーラ 200
山下力 130-133
山下知夫 177
山下祐介 181
ヤマダ, イチロー 58-60
山田泰吉 151
山田風太郎 122, 125
山室静 137
山本昭宏 204
山本慎太郎 141
山本博文 208
ヤンソン,トーベ 137
ヤンナおばさん 115, 117

ゆ

ユリウス 83, 85

よ

余貴美子 153
(重光)よう子 201
横山秀夫 80
吉川英治 32
吉田日出子 153
吉田昌郎 54, 57
吉田正己 145
吉野作造 144
吉野朔実 181
吉増剛造 215, 217
吉本隆明 95
四人組 206, 209
ヨハネ 196

ら

ラウ, アンディ 165
ラスコーリニコフ 78, 81
ラディゲ(,レイモン) 79

り

リー, スパイク 149
劉少奇 209
(坂本)龍馬 121
リントン家 201

る

ルーカス, ジョージ 33
(ザ・)ルースターズ 123, 125
ル=グウィン,アーシュラ・K 116
ルパン, アルセーヌ 178-181
ルブテ, マイカ 213
ルブラン, モーリス 181

ろ

ロールズ, ジョン 63

わ

ワースリー, ルーシー 128
若山牧水 85
和久峻三 158
和合亮一 216
鷲田清一 182, 185
ワシントン, デンゼル 149
和田俊 149
渡辺靖 105

書籍・雑誌・新聞名索引

数値・欧文
122対0の青春 60
90歳の昔話ではない。 52
A3 73
AERA 76
AFTER 216
BRUTUS 153
Fear of Freedom 177
GORO 153
MONKEY 113
My Name Is Aram 112
Natural History Magazine 21
Nature 21
NPOで働く 92
NULL 166, 168
PLAYBOY(日本版) 153
PYRRHUS ET CINÉAS 137
ROADSIDE JAPAN 珍日本紀行 185
SFマガジン 68, 168
TOKYO BLACKOUT 160
words for a book 122, 125
ZONE 160

あ
アースシーの風 116
青い鳥 177
秋の瞳 77
アクロイド殺人事件 180
アジア 新しい物語 149
新しい人よ眼ざめよ 78, 79, 81
アフター・アメリカ 102, 103, 105
アホウドリの糞でできた国 164
阿房列車 217
アミ 小さな宇宙人 210, 212, 213
雨に泣いてる 177
アメリカン・ナルシス 113
アメリカの鱒釣り 121
鮎川信夫全詩集 94, 97
嵐が丘 198-201
アラスカ 光と風 108
アラベスク 76, 77
アルケミスト 106-109
荒地 97
荒地(第二次) 97
荒地詩集 97
アンダー・ザ・ドーム 32
アンナ・カレーニナ 83
アンネの日記 114, 117

い
生き物たちは3/4が好き 18, 20, 21
イギリス的風景 128
遺跡の声 168
いつか、あなたも 80
一瞬の夏 153
茨木のり子詩集 94, 97
イラハイ 162-165
イワン・デニーソヴィチの一日 22, 23, 25

う
ヴィズ・ゼロ 160
ヴェネツィアと水 190, 191, 193
美しい星 210, 211, 213
海号の歌 85
ウルトラライトハイキング 86, 88, 89

え
江戸お留守居役の日記 208
エドナ・ウェブスターへの贈り物 118, 119, 121
江分利満氏の優雅な生活 17

お
オール讀物 79
岡本 わが町 128
贈りもの 安野モヨコ・永井豪・井上雄彦・王欣太〜漫画家4人からぼくらへ 73
おじぞうさんは いつでも 196
おそ松くん 110
オックスフォード古書修業 128
お父さんが話してくれた宇宙の歴史 20
男の隠れ家 217
大人になるっておもしろい? 116
オバケのQ太郎 202, 204, 205
思い出のアンネ・フランク 115, 117
オリエント急行殺人事件 180
女乗物 157

か
櫂 97
怪盗ジバコ 110
怪盗紳士 179
街道をゆく 154-157
怪物くん 205
解放老人 149
科学・技術の危機 再生のための対話 20
科学の考え方・学び方 20
鏡の国のアリス 129
核エネルギー言説の戦後史 204
書くことについて 33
隠された十字架 158-161
核と日本人 204
影との戦い 116
カシアス・クレイ 146, 149
カツラ美容室別室 200
カニは横に歩く 133
壁に隠れて 115, 117
河北新報オンラインコミュニティー 39
仮面法廷 158
考える技術・書く技術 15
観光メディア論 124
がんばれカミナリ竜 19
完訳マルコムX自伝 149

き

記憶をつなぐ 157
奇蹟の画家 96
着倒れ方丈記 182, 184, 185
木にたずねよ 216
キャッシュ・フォー・ワーク 132
キャプテン翼 90, 93
キャリー 33
共産党宣言 42, 44, 45
虚栄 80

く

クォン・デ 70, 72, 73
暮らしのイギリス史 128
グリーン・マイル 33
クリスティーン 32
ぐるりのこと 99
黒い季節 32
黒い時計の旅 113
群像 81

け

迎撃せよ 160
ゲゲゲの女房 46-48
消された科学史 19
月下の一群 181
月林船団 84
血涙十番勝負 14, 15, 17
ゲド戦記 116
減災政策論入門 132
現象学の視線 185
現代"うたことば"入門 85
現代詩手帖 94

こ

後宮小説 162-165
広辞苑 61
工場は生きている 57
幸福のレッスン 41
心の習慣 103, 105
心の中にもっている問題 173
古書往来 217
コスプレする社会 185
後藤正治ノンフィクション集 96
言葉が足りないとサルになる 38, 39, 41
言葉を旅する 96
子どもの本のまなざし 116
コミュニケイションのレッスン 38, 39, 41
雇用身分社会 186
コリアン世界の旅 149
孤立の社会学 28
これからの「正義」の話をしよう 63, 65
ゴング 146

さ

再帰的近代化 29
最後の冒険家 89
サイコロ特攻隊 68
最初の質問 170, 171, 173
財政危機の構造 144
サガとエッダの世界 134, 136, 137
坂の上の雲 155, 157
ザ・原発所長 54, 57
里山資本主義 181
さもしい人間 62, 63, 65
更級日記 166
猿丸幻視行 158, 159, 161
沢木興道聞き書き 66, 67, 69
産業・労働社会における人間関係 28

し

飼育 205
シカゴ育ち 102, 103, 105
自然 17
しなやかな日本列島のつくりかた 181
詩の邂逅 216
詩の礫 216
死の棘・アスベスト 57
詩の黙礼 216
自分に気づく心理学 26, 29
シャイニング 33
社会を生きるための教科書 60
若年無業者白書 92
写楽殺人事件 158
上海バンスキング 150, 153
自由からの逃走 174, 175, 177
週刊朝日 157
週刊少年サンデー 205
週刊少年ジャンプ 93
週刊少年マガジン 48
周公旦 165
就職とは何か 188
将軍が目醒めた時 205
小説ウィングス 93
小説宝石 153
少年時代 102
情報の経済理論 144
昭和史 48
女工哀史 186, 187, 189
書斎探訪 214, 215, 217
書斎の宇宙 214, 215, 217
書斎の達人 217
ジョゼフ・フーシェ 142, 145
書を捨てよ、町へ出よう 87, 89
震災脚本家菱田シンヤ 152
新潮 81, 213
新・都市論 TOKYO 76
人文地理学原理 50-52
新・ムラ論 TOKYO 76
親鸞をよむ 196
人類の星の時間 142, 145
神話の力 30, 31, 33

す

スタンド・バイ・ミー 33
砂の城 193
全ての装備を知恵に置き換えること 86, 87, 89
住む場所を選べば、生き方が変わる 76

せ

性愛空間の文化史 73
正義論 63, 65
正義論の名著 63, 65
青昏抄 84
聖書 194-196
生命を捉えなおす 138-141
清冽　詩人茨木のり子の肖像 96, 97
セーラが町にやってきた 76
世界史概観 50, 52
世界大博物図鑑 129
世界文化史 52

世界文化史大系 50
絶対音感 100
戦後経済史 144
戦争と平和 83
戦争の世界史 62, 65
戦中手記 97
全電源喪失の記憶 54, 56, 57
禅の生涯 69

そ

漱石の思い出（漱石の思ひ出） 66, 67, 69
ゾウの時間ネズミの時間 20, 21
ソーシャル物理学 62, 65
続 明暗 201

た

ダーウィン以来 18, 21
ダーク・ハーフ 31
大卒だって無職になる 92
第二の性 137
大博物学時代 126, 127, 129
第八森の子どもたち 114, 115, 117
大般若教 37
タイム・バインド 104
タイム・マシン 52
太陽風交点 168
対話 97
ダ・ヴィンチの二枚貝 19
竹沢先生という人 51
多元的共生を求めて 109
立ったまま埋めてくれ 98, 99, 101
旅 153
旅をする木 106, 107, 109
単一民族神話の起源 73
短歌現代 84
断腸亭日乗 166-168

ち

地球頭脳詩篇 216
智氏家訓 173
父から若き息子へ贈る「実りある人生の鍵」45章 173
ちびまる子ちゃん 213
中国朝鮮族を生きる 98, 101
中国の赤い星 206, 209

「超」整理法 144

つ

ツヴァイク伝記文学コレクション 145
次の本へ 125
月の夜声 85
伝えるための教科書 60
つながりづくりの隘路 28
津浪と村 190, 191, 193
罪と罰 78, 81

て

帝都物語 129
テキスト生涯学習 104
摘録断腸亭日乗 168
デジタル・アーカイブとは何か 48
デッド・ゾーン 32
デミアン 102
デュシャンとの対話 118, 120, 121
地球へ… 43
テロルの決算 153
電子雑誌トルタル 164
天地明察 32

と

当確師 177
東工大講義 生涯を賭けるテーマをいかに選ぶか 100
東大流よみなおし日本史講義 208
東南アジア紀行 56
遠いリング 96
遠すぎた家路 100
どくとるマンボウ航海記 113
どくとるマンボウ青春記 110, 112, 113
土佐日記 166
図書館警察 33
トップ・レフト 57
となりに脱走兵がいた時代 117
トミーノッカーズ 33
ドラえもん 205
ドラマと方言の新しい関係 42, 43, 45

な

ナグネ 中国朝鮮族の友と日本 100

に

ニキの屈辱 200
日仏マンガの交流 25
日本書紀 161
日本という国 70, 71, 73
ニューズウィーク日本版 64
楡家の人びと 110
ニワトリの歯 19
人間喜劇 113
人間について 134, 135, 137
人間の測りまちがい 19
人間臨終図巻 122, 125
忍者ハットリくん 205

ね

ねらわれた学園 42
ネンレイズム／開かれた食器棚 200

の

ノー・ノー・ボーイ 58, 61

の

バーネット探偵社 180
パーマン 205
バイアウト 177
廃用身 80
博士@研究室 141
ハゲタカ 177
ハゲタカII 177
はじめての部落問題 130, 132, 133
馬車は走る 150, 151, 153
働きすぎの時代 188
働く大人の教養課程 38, 39, 41
花とゆめ 77
バビロニア・ウェーブ 168
バブルの経済学 144
波紋と螺旋とフィボナッチ 138, 140, 141
腹立半分日記 166, 168
バルタザールの遍歴 165
パンダの親指 19

バンド臨終図巻　122, 124, 125
般若心経講義　34, 36, 37
般若心経入門　37

ひ

ピアチューター・トレーニング　25
ビアンカ・オーバースタディ　168
日出処の天子　77
ビーパル　86
光あるうち光の中を歩め　82, 83, 85
被差別部落のわが半生　130, 133
美術手帖　89
微笑の空　85
ビッグコミックスペリオール　93
ひとすじの光　114, 117
ピュタゴラスの旅　165
昼田とハッコウ　200

ふ

ファッション学のすべて　185
フィリピン新人民軍従軍記　149
不思議の国のアリス　126, 127, 129
仏教とは何か　196
ブッダのことば　194-196
フットボールネーション　90, 91, 93
ブラック・ジャックは遠かった　80
プラハからの道化たち　158
フラミンゴの微笑　19
フリーランスで生きるということ　60
プレジデントファミリー　64
プロレス＆ボクシング　146
文學界　81
文化社会学の視座　124
文藝春秋　81, 153
分散する理性　183, 185

へ

米國日系人百年史　58-61

ほ

方丈記　185
北緯79度　51, 52
ボクシング・マガジン　146
牧神の午後　110
ぼくは上陸している　19, 21
ポケット詩集　22, 25
干し草のなかの恐竜　19
星新一　一〇〇一話をつくった人　100
星の王子さま　34-37
ポスト・オフィス　104
墨攻　165
坊っちゃん　154, 157
ホトトギス　157
ポパイ　86
本格小説　198, 199, 201
ほんものの日本人　76

ま

舞姫 テレプシコーラ　77
マオ 誰も知らなかった毛沢東　206, 207, 209
貧しき信徒　77
マゼラン　142, 145
マラケシュの贋化石　19
マリ・クレール　185
マルカムX自伝　146, 148, 149
マルコムX自伝　149
マルドゥック・スクランブル　32
万延元年のフットボール　202-205
マンガがひもとく未来と環境　25
マンボウおもちゃ箱　110, 112, 113

み

ミザリー　33
水木しげるのラバウル戦記　46-48
水木しげる漫画大全集　48
三田文学　168
光圀伝　32
蜜蜂の生活　174, 176, 177
水底の歌　159-161

未来の図書館、はじめませんか？　48
ミラクル三年、柿八年　68
〈民主〉と〈愛国〉　73

む

「ムーミン」シリーズ　137
無業社会　92

め

明暗　201
メイスン＆ディクスン　113
瞑鳥記　82, 84, 85
メタモルフォシス伝　74-77
メリー・スチュアート　142

も

モードの迷宮　182, 183, 185
モダニティと自己アイデンティティ　26, 27, 29

や

八木重吉詩集　74, 77
山口瞳血涙十番勝負　17
大和コロニー　60
やる気とか元気がでるえんぴつポスター　73

ゆ

幽霊　110

よ

洋酒天国　17
黄泉の王　159
倚りかからず　95
夜が明けるまで　116
夜と霧の隅で　113

ら

ラブホテル進化論　73

り

理科系の作文技術　14, 17
理科年表　167
リターンマッチ　96
リベラルのことは嫌いでも、リベラリズムは嫌いにならないでください　62-65

流行通信 185

る

ルパン傑作集（IX）
ルパンの告白 178, 181
ルパン傑作集（VI）強盗紳士 178-181
ルリユールおじさん 173

れ

歴史と文学 128
歴史をつかむ技法 208

ろ

陋巷に在り 165
ロックの美術館 89

わ

ワイルド・スワン 207, 209
我が名はアラム（わが名はアラム） 110, 111, 113
わが息子よ、君はどう生きるか 170, 173
わたしの「女工哀史」 186-189
私の二十世紀書店 173
笑い宇宙の旅芸人 68
ワンダフル・ライフ 19

しごと名索引

あ

アーティスト 136
アルケミスト 106-109

い

医務官 80
イラストレーター 57
インダストリアルデザイナー 89

え

映画監督［監督］ 98, 121, 217
営業職 26
エッセイスト 109
演出家 41, 152

お

お百姓 115
お巡りさん 94
音楽プロデューサー 216

か

海軍軍人 157
外交官 158, 181
会社員 17, 44
画家 96, 173, 191, 196
学芸員 183, 185, 193
革命家 206
歌人 84, 85, 89, 113, 161, 185
金貸し 81
画廊経営者 96

――学者

宇宙物理学者 20
英文学者 128
経済学者 144, 188
古生物学者 18
児童文学者 116, 117, 137
社会学者 27-29, 104, 105, 124, 181
社会心理学者 177
宗教学者 20, 196
心理学者 29
人類学者 56
数学者 129, 141
政治学者 41
政治哲学者 65
精神衛生学者 29
生物学者 141
地理学教授 52
地理学者 34, 37, 52
哲学者 65, 137, 161, 185
天文学者 20
博物学者 128, 129
仏教学者 37
物理学者 17
フランス文学者 178, 181
文学者 215, 217
文化人類学者 105
法哲学者 65
民俗学者 193
臨床哲学者 185
歴史学者 208, 209

き

棋士 15-17, 153
記者 38-40, 52, 55, 57
脚本家 41, 152
糾弾屋 133

――教師、教諭

英語教師 77, 157
教師 14, 158
教頭 157
高校教師［高校教諭］ 33, 84, 85, 116, 216
校長 172
国語教師［国語の教師］ 166, 216
数学教師［数学講師］ 129, 157
世界史の先生 206
中学校教師 193
日本語教師 98

け

芸術家 30, 121
契約社員 30
外科医 80
劇団員 150
県議会議員 133
現代美術家 88
原発所長 54, 57

――研究者

アメリカ文学研究者 113
イタリア農業史、環境史の研究者 193
浮世絵の研究者 158
危機管理政策研究者 132
研究職 139
減災研究者 132
災害経済学研究者 132
生物の模様や形態の研究者 141
東北地方の研究家 193
日本近現代文化史、歴史社会学の研究者 204
服飾文化研究者 185
防災研究者 132

こ

航空兵 52
広告代理店の制作マン 66
黒人解放運動指導者 148

さ

作詞家 109
サッカー選手 52
雑誌記者 60

――作家

作家 30, 32, 33, 56, 57, 61, 66, 68, 77, 80, 81, 85, 104, 105, 107, 109, 110, 137, 147, 157, 165, 166, 168, 177, 181, 200, 213, 215, 217
SF作家 52
絵本作家 173
劇作家 89, 129, 151-153

現代作家 79
純文学作家 79
小説家
52, 69, 78, 113, 121, 205, 217
戦争文学作家 46
伝奇作家 125
伝記作家 145
ノンフィクション作家 96, 153
文人 170
放送作家 152
歴史ミステリ作家 161

し

シェフ 215, 217
詩人 23, 25, 74, 77, 89, 95-97, 101, 105, 121, 145, 173, 178, 181, 215-217
システムエンジニア 160
思想家 137
実業屋 37
事務員 115
ジャーナリスト
33, 50, 56, 60, 76, 101, 206
社会運動家 92
社会思想家 52
写真家 87, 107, 109
女工 186-189
職工 187, 189
女優 45
シンガーソングライター 213
人物デザイナー 121
新聞記者 60, 133, 177

す

随筆家 52, 69, 125, 217
寿司屋 35
スパイ 208
スポークスマン 207

せ

政治家 145, 170, 173
精神科医 113
船医 113

そ

僧侶[雲水、住職、禅僧、仏僧、坊さん]
36, 37, 67, 69, 84, 134, 205
ソムリエ 217
村長 115

た

大使 173
大統領報道官 33
探検家 88, 145

ち

父親[父]
35-36, 166, 170-173, 194, 211
駐在員 201

つ

付き人 45

て

定時制高校ボクシング部の指導者 96
デザイナー 215
点燈夫 37

と

図書館司書 158

は

俳人 157
俳優 85, 215, 217
噺家 45
母親[母] 104, 211
バレリーナ 76
パンクロッカー 216

ひ

飛行士 37
日雇い労働者 188

——**評論家**

評論家 81, 89, 146
音楽評論家 125
文芸評論家 137, 165, 203, 213

ふ

プロデューサー 121, 123
プロボクシングのトレーナー
146
文化財の保存修復技術者 156

へ

ヘアデザイナー 121
兵士 116
編集者 48, 64, 89, 185, 217

ほ

保育士 170, 172
冒険家[冒険者] 87, 89
宝石商 85
ポエマー 74
ボクサー 96, 147, 148
募集人 186
翻訳家[翻訳者、訳者] 64, 81, 104, 113, 116, 137, 178, 181

ま

麻酔科医 80
まちづくり会社スタッフ 109
マネジャー 125
漫画家 48, 73, 77, 93, 181

み

ミュージシャン 210

め

メンター 148, 149

よ

ヨット乗り 153

——**ライター**

ライター 64, 164, 185
サイエンスライター 21
ノンフィクションライター
100, 133, 149
フリーライター 177

れ

レジスタンス 137

ろ

労働組合活動家 188
労働者 105, 116, 186, 187, 189

苦楽堂は一五年かけて『次の本へ』シリーズを刊行し、
一〇〇〇通りの〝本との出合い方〟をお届けします。
『続々・次の本へ』は、二〇一六年一〇月に刊行の予定です。

装画

ヨシタケシンスケ

1973年、神奈川県生まれ。イラストレーター、絵本作家、2児の父。筑波大学大学院芸術研究科総合造形コース修了。99年、学生時代の作品集『カブリモノシリーズ』を自費出版。『せまいぞドキドキ』『結局できずじまい』(いずれも講談社／2013年刊)などのイラストエッセイ作品や、挿絵、装画(『続・次の本へ』寄稿者の中では池内了さんの『時間とは何か』[講談社／2008年刊]など)で活躍。初の絵本作品『りんごかもしれない』(ブロンズ新社／2013年刊)で、第6回MOE絵本屋さん大賞第1位、第61回産経児童出版文化賞美術賞を受賞。絵本第2弾『ぼくのニセモノをつくるには』(ブロンズ新社／2014年刊)に続き、2015年は『りゆうがあります』『ふまんがあります』(いずれもPHP研究所)、最新刊『もうぬげない』(ブロンズ新社)と連続刊行。初のアニメ作品(CD＋DVD)『恋なんです』も同年発売。また、造型制作担当として参加したアーティスト集団「パンタグラフ」の作品を集めたカタログ本『パラレルワールド御土産帳』(パイインターナショナル。文は『次の本へ』寄稿者でもある歌人の穂村弘さん)も同年刊行。

本文仕様

タイトル・寄稿者名	筑紫明朝pro L(フォントワークス)
書名	ゴシックMB101 Pro B(モリサワ)
本文	筑紫明朝pro R(フォントワークス)

装幀仕様

カバー	ピズムマット(四六判Y目/110kg)※仕上げ＝マットPP
オビ	同上
本表紙	NT ラシャ (うす鼠 / 四六判 Y 目 /170kg)
見返し	タント V (V-59/ 四六判Y目 /100kg)
別丁扉	Magカラー (モルタル/ 四六判Y目 /100kg)
本文	オペラクリームマックス(四六判Y目/73kg)

続・次の本へ

苦楽堂編
2015年12月12日　初版第1刷発行

装幀　原 拓郎
装画　ヨシタケシンスケ
校正　聚珍社

発行者
石井伸介

発行所
株式会社苦楽堂
http://www.kurakudo.jp

〒650-0024　神戸市中央区海岸通2-3-11昭和ビル101
Tel & Fax:078-392-2535

印刷・製本　中央精版印刷株式会社

ISBN 978-4-908087-02-8 C0095

苦楽堂 好評既刊

赤坂憲雄（民俗学者）『武蔵野』から『森を読む』へ
秋尾沙戸子（ノンフィクション作家）『「源氏物語」の色辞典』から『源氏物語』へ
石井淳蔵（経営学者）『経済学の船出』からドラッカーの著作集へ
石黒 格（社会心理学者）「宗像教授シリーズ」から『驚きの介護民俗学』へ
石橋毅史（フリーランスライター）『権力を取らずに世界を変える』から『権威と権力』へ
和泉法夫（企業家）『にんげんだもの』から『左遷の哲学』へ
磯辺康子（新聞記者）名前を忘れてしまった問題集から『氷壁』へ
磯部 涼（音楽ライター）『これは恋ではない』から『ぼくは散歩と雑学が好きだった』へ
井上理津子（フリーライター）『聞き書 福島の食事』から『宮本常一講演選集』へ
牛窪 恵（マーケティングライター）『銀の匙 Silver Spoon』から『里山資本主義』へ
歌代幸子（ノンフィクションライター）『夜と霧』から『それでも人生にイエスと言う』へ
梅本 克（趣味文化研究者）『川釣り』から『3.11とアイドル』へ
江坂 彰（作家兼経営評論家）『文明の生態史観』から『坂の上の雲』へ
江渡浩一郎（情報学者）『愛と幻想のファシズム』から『EV.Café 超進化論』へ
遠藤勝裕（日本学生支援機構理事長）『小説 日本銀行』から『男子の本懐』へ
円堂都司昭（文芸・音楽評論家）『靖国』から『東京プリズン』へ
大河原克行（フリーランスジャーナリスト）『ボッコちゃん』から『ノックの音が』へ
大場潤一（会社員）『染五郎の超訳的歌舞伎』から『落語特選』へ
大原達朗（公認会計士）『稲盛和夫の実学』から『大前研一 新・資本論』へ
小笠原博毅（社会学者）『すすめ!!パイレーツ』から『イギリス海賊史』へ
岡野裕行（図書館情報学者）『未来をつくる図書館』から『本の逆襲』へ
岡本貴也（脚本家・舞台演出家）『妻と飛んだ特攻兵』から『ソ連が満洲に侵攻した夏』へ
奥野宣之（著作家）『鉄コン筋クリート』から『悪童日記』へ
オバタカズユキ（コラムニスト）『シンボーズ・オフィスへようこそ！』から『読書家の新技術』へ
甲斐真樹（起業家）『わらしべちょうじゃ』から『ストーリーとしての競争戦略』へ
開沼 博（社会学者）『世紀末の作法』から『東大で上野千鶴子にケンカを学ぶ』へ
加護野忠男（経営学者）『破綻』から『林原家』へ
柏木 博（デザイン評論家）『ベンヤミン 子どものための文化史』から『ガラスの街』へ
鎌田 慧（ルポライター）『野草』から『日本脱出記』へ
北沢夏音（ライター、編集者）『蝿の王』から『漂流教室』へ
北村浩子（ラジオアナウンサー）『日本の文学　川端康成』から『いのちの初夜』へ
切通理作（批評家）『星の王子さま』から『考えるヒント３』へ
楠木誠一郎（作家）『銀河鉄道の夜』から『チャイナ橙の謎』へ
古関良行（新聞記者）『東北の湯治場 湯めぐりの旅』から『つげ義春とぼく』へ
小西昌幸（地方公務員）『幻想博物館』から『真夜中の檻』へ
小橋昭彦（社会起業家）『言葉と無意識』から『ディープエコノミー』へ
小林照幸（ノンフィクション作家）『写真記録　人間が人間でなくなるとき』から『ひめゆりの少女』へ
佐々木大輔（ウェブプロデューサー）『ロードス島戦記』から『影との戦い―ゲド戦記 １』へ
設楽 陸（アーティスト）『世界の歴史 年表事典』から『ローマ人の物語 ハンニバル戦記』へ
柴野京子（メディア研究者）『るきさん』から『黄色い本』へ
すがやみつる（マンガ家）『レジスタンスの歴史』から『石の花』へ
杉村芳美（社会経済学者）『ウェブ進化論』から『ウェブ時代をゆく』へ

次の本へ

すべて書き下ろし

鈴木光司(作家)『神秘』から『トゥルー・ストーリーズ』へ
鈴木 遥(ノンフィクション作家)『路上観察学入門』から『東海・北陸　小さな町・小さな旅』へ
高嶋哲夫(作家)『大数学者』から『キュリー夫人伝』へ
髙村 薫(作家)『北越雪譜』から『木綿以前の事』へ
髙山文彦(ノンフィクション作家)『逝きし世の面影』から『祖さまの草の邑』へ
武田 徹(ジャーナリスト)『ガロアの生涯』から『数学から超数学へ』へ
田坂広志(思想家・詩人)『李陵 山月記』から『詩集 北國』へ
立石泰則(ノンフィクション作家)『或る「小倉日記」伝』から『西郷札』へ
田中秀臣(経済学者)『ポケットに名言を』から『パンセ』へ
玉岡かおる(作家)『パパ・ユーア クレイジー』から『ママ・アイ ラブ ユー』へ
田村正紀(経営学者)『旅行の進化論』から『文学に現はれたる我が国民思想の研究』へ
月村了衛(小説家)『夜光怪獣』から『恐怖の谷』へ
中野不二男(ノンフィクション作家)『ダ・ヴィンチ・コード』から『天使と悪魔』へ
永原康史(グラフィックデザイナー)『うみべのまち』から『ダンス・ダンス・ダンス』へ
西岡研介(取材記者)『羊たちの沈黙』から『レッド・ドラゴン』へ
新田匡央(ライター)『深夜特急』から『わしらは怪しい探険隊』へ
野口武彦(作家・文芸評論家)『猫の事務所』から『風の又三郎』へ
花房観音(作家、バスガイド)『IN』から『死の棘』へ
早川光彦(元南相馬市立中央図書館副館長)『日本人の叡智』から『これからを生きる君たちへ』へ
速水健朗(ライター、編集者)『甲賀忍法帖』から『人間臨終図巻』へ
日置弘一郎(経営学者)『虚業集団』から『悪魔のハンマー』へ
広瀬公巳(ＮＨＫ解説委員)『三陸海岸大津波』から『つなみ　THE BIG WAVE』へ
深見嘉明(経営情報学研究者)『セラピスト』から『悪い奴ほど合理的』へ
藤井太洋(作家)『利己的な遺伝子』から『繁栄』へ
藤本憲一(社会学者)『猛獣もし戦わば』から『霊長類の社会構造』へ
藤元健太郎(コンサルタント)『ニューロマンサー』から『第五の権力』へ
古川日出男(小説家)『百年の孤独』から『千年の愉楽』へ
穂村 弘(歌人)『暗い旅』から『異邦人』へ
堀川惠子(ジャーナリスト)『日本の原爆』から『ヒロシマはどう記録されたか』へ
前野ウルド浩太郎(昆虫学者)『蒼茫の大地、滅ぶ』から『蒼茫の大地、滅ぶ』へ
牧野智和(社会学者)『MONKEY TURN［モンキーターン］』から『青春という亡霊』へ
松原隆一郎(社会経済学者)『風雲ジャズ帖』から『　　　　』へ
三浦 展(消費社会研究家)『ヨーロッパの個人主義』から『人間・この劇的なるもの』へ
水越康介(経営学者)『言葉・狂気・エロス』から『言葉と無意識』へ
三田村蕗子(フリーライター)『四月怪談』から『エリュアール詩集』へ
宮入恭平(社会学者、ミュージシャン)『風の歌を聴け』から『猫のゆりかご』へ
宮内悠介(作家)『密閉教室』から『猫のゆりかご』へ
山川 徹(ルポライター)『泥まみれの死』から『ベトナム戦記』へ
山田太一(脚本家、作家)『ラ・ロシュフコー箴言集』から『告白と呪詛』へ
山本一郎(投資家)『銃・病原菌・鉄』から『ヘロドトス 歴史』へ
吉岡 忍(ノンフィクション作家)『海はどうしてできたのか』から『宇宙と生命の起源』へ
米倉 智(会社員)『史上最大の作戦』から『ガリア戦記』へ

「１冊は読んだ。でも、次にどんな本を読むといいのか、わからない」という高校生、大学生から聞いた言葉をヒントに企画された、84人の執筆者による「次の本との出合い方」エッセイ集です。すべて書き下ろしで、気軽に読めつつ、実用的。全国の学校図書室・図書館には必置すべきだし、とにかくもいろんな方がエッセイを書いているので、ふつうにつまみ読みして面白いです。

(オバタカズユキさん［『大学図鑑！』監修者、コラムニスト］)

苦楽堂編/四六判並製/368ページ
1800円＋税/978-4-908087-00-4 C0095　装画「海文堂書店絵図 1914-2013」(青山大介)